Geomancia y Astrología Antigua

Guía de la adivinación terrestre, los signos del zodíaco y la sabiduría astrológica de babilonios, egipcios y griegos

© Copyright 2024

Todos los derechos reservados. Ninguna parte de este libro puede ser reproducida de ninguna forma sin el permiso escrito del autor. Los revisores pueden citar breves pasajes en las reseñas.

Descargo de responsabilidad: Ninguna parte de esta publicación puede ser reproducida o transmitida de ninguna forma o por ningún medio, mecánico o electrónico, incluyendo fotocopias o grabaciones, o por ningún sistema de almacenamiento y recuperación de información, o transmitida por correo electrónico sin permiso escrito del editor.

Si bien se ha hecho todo lo posible por verificar la información proporcionada en esta publicación, ni el autor ni el editor asumen responsabilidad alguna por los errores, omisiones o interpretaciones contrarias al tema aquí tratado.

Este libro es solo para fines de entretenimiento. Las opiniones expresadas son únicamente las del autor y no deben tomarse como instrucciones u órdenes de expertos. El lector es responsable de sus propias acciones.

La adhesión a todas las leyes y regulaciones aplicables, incluyendo las leyes internacionales, federales, estatales y locales que rigen la concesión de licencias profesionales, las prácticas comerciales, la publicidad y todos los demás aspectos de la realización de negocios en los EE. UU., Canadá, Reino Unido o cualquier otra jurisdicción es responsabilidad exclusiva del comprador o del lector.

Ni el autor ni el editor asumen responsabilidad alguna en nombre del comprador o lector de estos materiales. Cualquier desaire percibido de cualquier individuo u organización es puramente involuntario.

Su regalo gratuito

¡Gracias por descargar este libro! Si desea aprender más acerca de varios temas de espiritualidad, entonces únase a la comunidad de Mari Silva y obtenga el MP3 de meditación guiada para despertar su tercer ojo. Este MP3 de meditación guiada está diseñado para abrir y fortalecer el tercer ojo para que pueda experimentar un estado superior de conciencia.

https://livetolearn.lpages.co/mari-silva-third-eye-meditation-mp3-spanish/

Índice

PRIMERA PARTE: GEOMANCIA 1
   INTRODUCCIÓN 2
   CAPÍTULO 1: INTRODUCCIÓN A LA GEOMANCIA 4
   CAPÍTULO 2: LA IMPORTANCIA DE LOS PLANETAS 14
   CAPÍTULO 3: LOS ELEMENTOS Y LOS SIGNOS DEL ZODÍACO 29
   CAPÍTULO 4: LAS CASAS GEOMÁNTICAS 39
   CAPÍTULO 5: PREPARE SU MENTE 49
   CAPÍTULO 6: DISEÑO DE PUNTOS 58
   CAPÍTULO 7: LAS FIGURAS GEOMÁNTICAS 68
   CAPÍTULO 8: CONSTRUCCIÓN DE GRÁFICOS DE ESCUDO 88
   CAPÍTULO 9: GENERACIÓN DE CARTA ASTROLÓGICA 96
   CAPÍTULO 10: MÉTODOS DE INTERPRETACIÓN 104
   CONCLUSIÓN 110
SEGUNDA PARTE: ASTROLOGÍA ANTIGUA 112
   INTRODUCCIÓN 113
   CAPÍTULO 1: INTRODUCCIÓN A LA ASTROLOGÍA ANTIGUA 115
   CAPÍTULO 2: LAS CINCO ESTRELLAS ERRANTES Y LAS DOS LUCES 124
   CAPÍTULO 3: BABILONIA; DONDE NACIÓ LA ASTROLOGÍA 134
   CAPÍTULO 4: LA ASTROLOGÍA EGIPCIA Y LOS DECANATOS 143
   CAPÍTULO 5: LOS SIGNOS DEL ZODIACO EGIPCIO 154
   CAPÍTULO 6: ASTROLOGÍA HELENÍSTICA I. LOS TOPOS 171
   CAPÍTULO 7: ASTROLOGÍA HELENÍSTICA II. LA ZOIDIA 179

CAPÍTULO 8: EL THEMA MUNDI Y LAS CARTAS HELENÍSTICAS 187
CAPÍTULO 9: LAS PARTES HERMÉTICAS 194
CAPÍTULO 10: TÉCNICAS HELENÍSTICAS ANTIGUAS 202
CAPÍTULO 11: FABRIQUE SU PROPIO ASTROLABIO 208
CONCLUSIÓN 212
BONO: GLOSARIO DE TÉRMINOS ASTROLÓGICOS 214
VEA MÁS LIBROS ESCRITOS POR MARI SILVA 219
SU REGALO GRATUITO 220
REFERENCIAS 221

Primera Parte: Geomancia

Desbloquee la magia de la adivinación de la tierra (para principiantes)

Introducción

"Los cinco elementos son energías, no cosas. En el hinduismo, se los conoce como los cinco tattvas. Los psíquicos pueden verlos y puede ver sus formas geométricas".

Stefan Emunds

¿Alguna vez se ha preguntado por su futuro? ¿Ha mirado ya las estrellas y sentido una profunda conexión con el cosmos? Si es así, este libro de geomancia puede ser de su interés.

La geomancia es una antigua forma de adivinación que utiliza el poder de la tierra para responder a sus preguntas. Es una forma de magia que puede ofrecerle información sobre su pasado, presente y futuro. La palabra "geomancia" proviene de las palabras griegas "geo" (tierra) y "manteia" (adivinación). También se puede usar para referirse al estudio del campo de energía de la tierra.

La geomancia ha existido durante siglos y todavía se usa hoy en día. No hay una manera perfecta de hacerlo porque cada practicante tiene sus técnicas y preferencias. Sin embargo, la premisa básica es que podemos obtener información sobre nuestras vidas y el futuro utilizando el mundo natural como un espejo. Esta guía le enseñará los conceptos básicos de la geomancia, incluyendo cómo crear una carta geomántica.

En el primer capítulo, exploraremos la historia y los orígenes de la geomancia. También presentaremos los elementos básicos de esta práctica. En el segundo capítulo, discutiremos la importancia de los planetas dentro de la geomancia. En el tercer capítulo, veremos los signos del zodíaco y cómo se conectan con cada elemento. El cuarto capítulo se centrará en las casas geománticas y sus significados.

En el quinto capítulo, hablaremos sobre cómo preparar su mente para una lectura geomántica. El sexto capítulo le enseñará cómo diseñar los puntos geománticos. El séptimo capítulo se centrará en las diferentes figuras geománticas y sus significados. En el octavo capítulo, le mostraremos cómo construir un gráfico de escudo. El noveno capítulo se centrará en la creación de una carta natal. Finalmente, en el capítulo décimo, discutiremos diferentes métodos de interpretación.

También encontrará una sección extra con imprimibles para ayudarlo a comenzar su práctica de geomancia. Con la ayuda de esta simple guía, podrá aprovechar el poder de la tierra y obtener información sobre su vida y su futuro. Independientemente de si usted es un principiante o un practicante experimentado, esta guía le proporcionará todo lo que necesita saber sobre la geomancia. Comencemos.

Capítulo 1: Introducción a la geomancia

¿Está buscando una manera de entenderse y entender su lugar en el universo? ¿Quiere saber cuál es su destino? La geomancia puede ayudarlo a obtener respuestas a estas preguntas y muchas otras.

La geomancia está arraigada en la naturaleza
https://pixabay.com/es/photos/avenida-3%%c a1rboles-sendero-815297/

Es un sistema de adivinación muy antiguo. Todas las culturas del mundo han practicado geomancia alguna vez. Este sistema de adivinación implicaba contacto directo con la tierra, el reino espiritual y las alineaciones astrológicas. En este capítulo, veremos los antecedentes culturales e históricos de la geomancia. También exploraremos cómo practicar este antiguo tipo de adivinación.

Geomancia: el sistema de adivinación

La geomancia es un sistema de adivinación que utiliza la tierra para comprender las fuerzas ocultas que actúan en nuestras vidas. También conocida como "magia de la tierra", la geomancia tiene sus raíces en la creencia de que la tierra está viva y puede compartir su sabiduría. La palabra "geomancia" proviene de las palabras griegas "geo" (tierra) y "manteia" (adivinación).

Para practicar la geomancia, necesitamos pasar tiempo en la naturaleza y sintonizarnos con las energías sutiles de la tierra. Las formas y patrones de la tierra pueden interpretarse como pistas de nuestro mayor potencial y deseos más profundos. Al conectarnos con la tierra a través de la geomancia, podemos acceder a nuestro poder oculto y aprender a vivir en armonía con el mundo natural.

Una breve reseña histórica

La geomancia es una práctica antigua que tiene sus raíces en las tradiciones chamánicas de África, Asia y América. También es una de las formas más antiguas de adivinación en Europa, usada por los celtas y otros pueblos indígenas.

La geomancia utiliza la posición de algunos objetos para interpretar la voluntad del universo. La palabra "geomancia" proviene de la palabra griega para "tierra", y se cree que los primeros geománticos fueron sacerdotes o chamanes que usaban rocas, palos y tierra para adivinar el futuro.

El primer registro escrito sobre geomancia proviene de la antigua India, donde se conocía como "Vastu Shastra". Este texto hindú describe el uso de la geomancia para encontrar la ubicación perfecta para un hogar o templo. En China, la geomancia era conocida como "Feng Shui", y se usaba para alinear edificios y sitios de entierro con el flujo de "chi" o energía de fuerza vital.

En Europa, la geomancia fue utilizada por los celtas y otros pueblos indígenas para encontrar sitios sagrados para sus tribus. Los druidas, en particular, eran conocidos por su habilidad para leer la tierra. Solían viajar a lugares remotos en busca de lugares especiales para construir sus templos y altares.

Durante la Edad Media, la geomancia era popular tanto entre los cristianos como entre los musulmanes. También era utilizada por los caballeros templarios, quienes han utilizado símbolos geománticos en sus rituales mágicos. Durante el Renacimiento resurgió el interés por la geomancia, ya que muchos eruditos comenzaron a redescubrir los textos antiguos que describían este sistema de adivinación.

Con el tiempo, la práctica de la geomancia se extendió a otras culturas y se desarrollaron diferentes métodos de adivinación. En Europa, por ejemplo, los geománticos comenzaron a usar bolsas de arena o tierra para crear patrones. Hoy en día, hay muchas escuelas diferentes de geomancia, cada una con sus métodos y tradiciones. Aunque algunas personas pueden verlo como una práctica supersticiosa, la geomancia se ha utilizado durante siglos para ayudar a las personas a tomar decisiones importantes.

Relevancia cultural

La geomancia ha jugado un papel importante en muchas culturas diferentes. En África, todavía es utilizada por curanderos y chamanes tradicionales para diagnosticar y tratar enfermedades. En Asia, se utiliza para seleccionar ubicaciones favorables para hogares y negocios. Y en las Américas, las tribus nativas americanas han utilizado la geomancia para todo, desde elegir terrenos para la caza hasta predecir el futuro.

Aunque no es tan conocido como otros sistemas de adivinación como la lectura del tarot o la astrología, la geomancia todavía es practicada por personas de todo el mundo. Con sus técnicas simples y su enfoque basado en la tierra, la geomancia es una excelente manera de conectarse con el mundo natural y acceder a nuestro poder oculto.

La geomancia es un método muy práctico para encontrar respuestas a preguntas específicas. Implica interpretar patrones en la tierra para obtener información sobre un tema en particular, por ejemplo, la colocación de rocas o la forma de una montaña. Esto puede parecer una práctica arcana u obsoleta, pero es bastante útil en los tiempos modernos. Por ejemplo, los geománticos han ayudado a localizar recursos naturales, evaluar el impacto ambiental y predecir desastres naturales.

Además, los principios de geomancia se pueden aplicar a asuntos cotidianos, como elegir ubicación para un nuevo hogar o negocio. Ya sea que esté buscando respuestas a escala global o personal, vale la pena considerar la geomancia. La próxima vez que tenga una duda, ¿por qué no le pregunta a la tierra?

La práctica de la geomancia

Tradicionalmente, los geománticos usaban palos, piedras u otros objetos para crear patrones en la tierra. Estos patrones se interpretaban de acuerdo a un conjunto de reglas para interpretar información sobre el futuro o responder preguntas específicas. Aunque la práctica de la geomancia se haya olvidado en gran medida en el mundo moderno, sigue siendo una forma interesante de interactuar con el mundo natural y obtener información sobre las fuerzas ocultas en nuestras vidas.

La geomancia es una forma simple y accesible de conectarse con la tierra y recibir orientación del mundo natural. Todo lo que necesita es un pedazo de papel, un lápiz o una bolsa de arena o tierra. Para empezar, tendrá que despejar su mente y concentrarse en su pregunta. Una vez que esté listo, comience a hacer marcas en el papel o en la arena. No hay una manera correcta o incorrecta de hacer esto, solo permita que su mano se mueva libremente.

Después de hacer algunas marcas, dé un paso atrás y examine los patrones que ha creado. Vea si puede encontrar formas o símbolos que se destaquen. Una vez que haya encontrado algunos símbolos, busque sus significados en una guía de geomancia o en internet. Con un poco de práctica, la precisión de sus lecturas lo sorprenderá.

Diferentes tipos de geomancia

Hay varios tipos diferentes de geomancia, pero todos usan los mismos principios básicos: la creencia de que todo en la Tierra está conectado al universo y que todo tiene su patrón único de energía. Los astrólogos han creído durante mucho tiempo que cada planeta influye en una parte específica de nuestras vidas y personalidades. Por lo tanto, creen que al estudiar estos patrones, pueden predecir eventos o resultados en su vida.

Geomancia elemental

El tipo más común de geomancia se llama geomancia elemental. En pocas palabras, es la práctica de usar los elementos de la tierra, el aire, el fuego y el agua para crear armonía en nuestras vidas. Esto puede sonar como un concepto de la nueva era, pero la verdad es que la gente ha estado usando estos principios durante siglos. Por ejemplo, el Feng Shui es una forma de geomancia elemental que se ha utilizado en China durante milenios. La idea básica es que al alinear nuestro entorno con el flujo natural de energía, podemos crear equilibrio y armonía en nuestras vidas.

Hay muchas maneras diferentes de practicar la geomancia elemental. Un método popular es usar cristales y piedras para crear un espacio energéticamente equilibrado. Colocar estas piedras en áreas específicas puede ayudar a redirigir el flujo de energía y crear un ambiente más positivo. Otra forma de aprovechar el poder de los elementos es a través de la meditación y la visualización. Podemos acceder a su sabiduría y guía conectándonos con los elementales, los espíritus de la tierra, el aire, el fuego y el agua.

El método también implica interpretar patrones dentro de un mapa dividido en cuatro cuadrantes, cada uno representando uno de los cuatro elementos, aire, fuego, agua y tierra. Hay muchos métodos diferentes para dividir el mapa y leer los resultados, pero todos implican encontrar un equilibrio entre elementos opuestos dentro de cada cuadrante.

Ya sea que desee crear más equilibrio en su vida o simplemente conectarse con la naturaleza en un nivel más profundo, vale la pena experimentar la geomancia elemental. Es posible que se sorprenda de lo útil y precisa que puede ser esta antigua práctica.

Geomancia astrológica

La geomancia astrológica también se conoce como geomancia astronómica y fue una de las primeras formas de geomancia desarrolladas por civilizaciones antiguas en Babilonia, Egipto y Grecia. En este tipo de geomancia, se crea una tabla que muestra el movimiento de los cuerpos celestes entre sí en un momento y lugar determinados. La tabla se utiliza para determinar lo que depara el futuro para una persona en función de su fecha u hora de nacimiento.

La geomancia astrológica utiliza constelaciones y otros fenómenos astronómicos para generar predicciones sobre eventos futuros. La versión más común implica reconstruir las constelaciones específicas al amanecer en una ubicación y día en particular para determinar qué sucederá durante la próxima semana, mes o año.

Este tipo de geomancia se practicó en Europa hasta alrededor de 1550, cuando el Papa Pablo III lo prohibió debido a su asociación con la magia y la brujería. Hoy en día, hay un resurgimiento del interés en la geomancia astrológica, y muchos practicantes modernos creen que se puede utilizar para obtener información sobre nuestras vidas, relaciones y opciones de carrera.

Si le interesa, existen muchos recursos disponibles en internet y en las bibliotecas. Comience buscando una calculadora de carta natal para crear su carta. Una vez que tenga su gráfico, tómese el tiempo para investigar las diferentes ubicaciones y lo que significan. Cuanto más sepa sobre geomancia astrológica, más precisas serán sus lecturas.

Geomancia numerológica

La numerología es el estudio de los números y su influencia en nuestras vidas. Cada número tiene su energía y vibración, y puede afectar nuestros pensamientos, sentimientos y acciones. La geomancia numerológica es la práctica de usar números para entender nuestras vidas y hacer predicciones.

Hay muchas maneras diferentes de calcular sus números, pero el método más común es usar su fecha de nacimiento. Una vez que tengas sus números, puede comenzar a interpretar su significado. Cada número tiene una serie de cualidades asociadas a él. Puede utilizar esta información para averiguar sobre su personalidad, fortalezas y desafíos.

La geomancia numerológica se puede usar para varios propósitos, como comprender sus relaciones, tomar decisiones profesionales o predecir el futuro. Puede encontrar más información sobre este tipo de geomancia haciendo una búsqueda en internet o visitando las librerías y bibliotecas locales. Comience por calcular sus números y luego tómese un tiempo para investigar sus significados.

Geomancia espiritual

Pocas personas conocen la geomancia espiritual, pero es un tema muy interesante. Es la práctica de usar la energía de la tierra para sanar y equilibrar la mente, el cuerpo y el espíritu. La geomancia espiritual usa la energía de la tierra para conectar con el reino espiritual. Algunos de los métodos más populares incluyen meditar en la naturaleza, usar cristales y piedras, y trabajar con los espíritus de las plantas.

Este tipo de geomancia se utiliza para comunicarse con espíritus y ángeles. El practicante dibuja un mandala en el suelo, que representa el universo y su energía espiritual. Luego, la persona traza líneas entre cada planeta del sistema solar y medita sobre sus preguntas antes de dibujarlas en papel. Este tipo de geomancia se puede usar para una variedad de propósitos, como orientación, protección y curación.

La geomancia espiritual se basa en la astrología, pero se centra más en las influencias espirituales que en las físicas. La geomancia espiritual utiliza cartas natales para determinar la influencia de los planetas en su vida. También observa su fecha y hora de nacimiento, y su nombre.

Al igual que con el resto, puede encontrar muchos recursos en internet o en bibliotecas. Comience por encontrar un mandala u otro símbolo que resuene con usted, y luego tómese un tiempo para investigar los diferentes significados. También sugerimos que encuentre un lugar tranquilo en la naturaleza donde pueda meditar y conectarse con la energía de la tierra.

Hay muchos tipos diferentes de geomancia, cada uno con su historia y prácticas únicas. Los tres tipos más populares de geomancia son astrológica, numerológica y espiritual. La geomancia astrológica es la práctica de usar las posiciones de los cuerpos celestes para comprender nuestras vidas. La geomancia numerológica es la práctica de usar números para entender nuestras vidas y hacer predicciones. La geomancia espiritual es la práctica de usar la energía de la tierra para conectarse con el reino espiritual.

Figuras geománticas

Las figuras geománticas son formas que se utilizan en la adivinación. Se crearon un total de 16 figuras combinando pares de puntos de maneras diferentes. Cada figura tiene un significado que puede ser interpretado de acuerdo a la pregunta en cuestión. Por ejemplo, la figura conocida como "Populus" se asocia típicamente con la inestabilidad emocional, mientras que "Acquisitio" representa la ganancia y la abundancia.

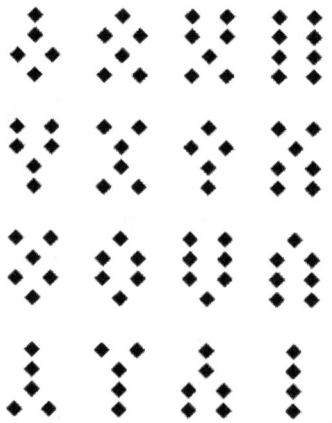

Las 16 figuras geománticas
https://commons.wikimedia.org/wiki/File:Geomantic_figures.svg

Las figuras geománticas se componen de cuatro partes:

1. **El cuadrado natal:** el cuadrado natal es la parte más importante de cualquier lectura. Muestra las líneas que interactúan entre sí y su significado.
2. **La línea:** cada línea representa un camino que su vida puede tomar. Puede ser positivo o negativo, pero siempre afectará su éxito, felicidad y bienestar general.
3. **La casa:** cada casa representa un área diferente de la vida. Algunas casas afectan su carrera. Otras afectan su vida amorosa, y así sucesivamente. Cada casa tiene su significado y su propio conjunto de reglas a seguir para interpretarla correctamente.
4. **El elemento:** indica la fuerza con la que cada casa le afecta. Si está en detrimento, esta casa en particular tendrá poco impacto en su vida, pero si es prominente, esta casa tendrá un gran impacto en usted.

Creación de figuras geománticas

Hay muchas maneras de crear figuras geománticas, pero el método más común es dividir un cuadrado o círculo en cuatro partes iguales. Puede hacer esto con lápiz y papel o usando un compás. Una vez dividido el cuadrado o círculo, los cuadrantes resultantes se pueden subdividir de manera similar. Continúe hasta tener 16 pequeños cuadrados o círculos. Estas 16 figuras se interpretan de acuerdo a su posición dentro del diseño.

Necesitará un trozo de papel y un bolígrafo para crear una figura geomántica. Comience dibujando cuatro líneas de puntos. Asegúrese de que cada línea contenga la misma cantidad de puntos. Luego, conecte los puntos de a pares para crear las ocho figuras básicas. Una vez que tenga las figuras básicas, puede combinarlas para crear las otras ocho figuras. Finalmente, deberá interpretar el significado de cada figura de acuerdo con su posición dentro del diseño.

La geomancia puede ser una actividad agradable y gratificante para personas de todas las edades. También se puede utilizar como una herramienta para la autorreflexión y el crecimiento personal. Si está interesado en explorar más a fondo la geomancia, puede encontrar muchos recursos en internet y en las bibliotecas. Comience por encontrar un mandala u otro símbolo que resuene con usted, y luego tómese un tiempo para investigar los diferentes significados.

Interpretación de figuras geománticas

Las figuras geománticas se pueden utilizar para adivinación, para encontrar tesoros ocultos o simplemente para admirar la belleza de los patrones de la tierra. Primero hay que entender los fundamentos de las líneas y formas para interpretar una figura geomántica. El elemento más básico de una figura geomántica es la línea. Las líneas pueden ser rectas o curvas, y pueden cruzarse o ir paralelas entre sí.

El segundo elemento básico es la formación. Puede ser orgánica o geométrica. Las formas orgánicas ocurren naturalmente, como montañas, árboles y ríos. Las formas geométricas son artificiales, como edificios, carreteras y puentes. Al estudiar las líneas y formas de una figura geomántica, uno puede comenzar a ver su significado oculto.

Para interpretar una figura geomántica, busque el significado de los componentes individuales. Con un poco de práctica, podrá leer figuras geománticas con facilidad.

Geomancia en la práctica

La geomancia es una de las muchas formas de adivinación que utiliza un método llamado "lectura de señales". O sea, interpretar patrones en el mundo natural que nos rodea. La geomancia se puede practicar en cualquier lugar, en cualquier momento, pero es mejor hacerlo al aire libre. Por esta razón, a menudo se hace al amanecer o al atardecer cuando la luz y las sombras son más claras.

Aunque pueda parecer complicado al principio, la geomancia es una actividad bastante simple. Con un poco de práctica, cualquiera puede aprender a leer las señales de la tierra.

Hay dos pasos básicos para la geomancia: crear las figuras e interpretarlas. Para crear las figuras, necesitará un pedazo de papel y algo para dibujar. Comience dibujando 16 cuadrados pequeños en una cuadrícula de 4 × 4. Una vez dibujados los cuadrados, rellene aleatoriamente cada cuadrado con uno o dos puntos. Esto creará una figura conocida como "Madre".

Luego, dibuje una línea en el centro de cada columna y fila, dividiendo a la madre en 16 cuadrados más pequeños, o "Hijas". Finalmente, cuente los puntos en cada cuadrado hijo y dibuje una línea para conectar dos cuadrados que tengan el mismo número de puntos. Esta será su figura geomántica.

Para interpretar la figura, comience mirando la forma general. ¿Es curva o recta? ¿Es simétrica o asimétrica? Cada tipo de forma corresponde a un elemento diferente, tierra, aire, fuego o agua, y puede proporcionar respuestas a su pregunta.

A continuación, mire las líneas y formas individuales dentro de la figura. ¿Qué le recuerdan? ¿Crean algún patrón? Cada línea y forma tiene un significado diferente, así que tómese un tiempo para buscar el simbolismo asociado a cada una de ellas.

Finalmente, considere la posición de la figura dentro del diseño. ¿Está en el centro o a un lado? ¿Está por encima o por debajo de las otras figuras? La posición de una figura en particular puede proporcionar pistas sobre el momento de un evento o la importancia de una pregunta.

La geomancia es una práctica antigua que implica el uso de patrones para obtener información sobre el futuro. Los geománticos creen que la tierra está viva y llena de energía y que al leer sus patrones, podemos aprovechar su conocimiento ilimitado. Al interpretar el movimiento del palo, el geomántico puede obtener información sobre el futuro. Otro método popular es leer los patrones formados por piedras u hojas.

Al estudiar las formas y colores de estos patrones, el geomántico puede obtener información sobre lo que está por venir. Independientemente del método que utilice, la geomancia puede ser una herramienta poderosa para obtener información sobre el futuro.

La geomancia es una forma fascinante de estudiar la tierra y sus significados ocultos. Ha sido una práctica común a todas las culturas de todo el mundo y es una excelente manera de conectarse con el mundo natural. Luego de comprender los conceptos básicos de línea y forma, puede comenzar a interpretar los mensajes ocultos en los patrones de la tierra. Con un poco de práctica, cualquiera puede aprender a leer las señales de la tierra.

Capítulo 2: La importancia de los planetas

¿Siente curiosidad sobre la influencia de los planetas en su vida cotidiana? ¿Quiere saber más sobre la conexión entre la astrología y la geomancia?

La astrología es el estudio de los movimientos y posiciones relativas de los cuerpos celestes y su influencia en los asuntos humanos y el mundo natural. La geomancia, por otro lado, es una forma de adivinación que interpreta marcas en la tierra, ya sea en la arena o en el suelo, para responder preguntas sobre el futuro. Este capítulo explorará la conexión entre estas dos prácticas antiguas.

La astrología y la geomancia van de la mano
https://pixabay.com/es/photos/sistema-solar-sol-mercurio-venus-439046/

Exploraremos el papel de los planetas en la geomancia y le mostraremos cómo usar la astrología para interpretar sus lecturas geománticas. Comenzaremos con una breve descripción general de la importancia de los planetas en la geomancia, seguida de una exploración de cada planeta y su energía.

Importancia de los planetas en la geomancia

Los planetas juegan un papel importante dentro de la geomancia, el estudio del campo de energía de la tierra. Al observar las posiciones de los planetas, los geománticos pueden identificar patrones y relaciones que pueden usarse para interpretar la energía de la tierra y hacer predicciones sobre eventos futuros. Los planetas también influyen en el flujo de energía de la tierra, y al comprender estas influencias, los geománticos pueden ajustar sus prácticas para maximizar los efectos positivos de esta energía.

Además, los planetas pueden servir como herramientas para la adivinación ya que proporcionan información sobre las fuerzas ocultas en nuestras vidas. Al comprender el simbolismo y el significado de cada planeta, podemos comenzar a comprender los mensajes que la tierra está tratando de enviarnos.

Influencia de los planetas en las lecturas geománticas

Las lecturas geománticas se utilizan para interpretar la energía de una ubicación específica. Esta práctica se remonta a siglos atrás y se basa en la creencia de que la tierra tiene una firma energética única. Al comprender esta firma, podemos obtener información sobre el pasado, presente y futuro de un lugar en particular. Muchos factores influyen en la lectura geomántica, pero uno de los más importantes es la posición de los planetas.

Cada planeta tiene su energía, y cuando están en alineación con ciertos puntos de la tierra, pueden amplificar o disminuir el poder de esa ubicación. Por ejemplo, si Marte está alineado con un poderoso punto geomántico, puede intensificar la energía de ese punto. Por el contrario, si Saturno está alineado con un punto de debilidad, puede ayudar a disipar su poder. Al tener en cuenta la posición de los planetas, podemos obtener una lectura más precisa de la energía de la Tierra.

Importancia de comprender los conceptos astrológicos en la geomancia

La astrología es el estudio de los movimientos y posiciones relativas de los cuerpos celestes y su influencia en los asuntos humanos y el mundo natural. La palabra "astrología" proviene de las palabras griegas para "estrella" y "palabra", y significa "la palabra de Dios". La astrología se ha utilizado durante siglos para ayudar a las personas a comprender el mundo que los rodea, y todavía se utiliza hoy en día para una variedad de propósitos.

Uno de los conceptos clave de la geomancia es la importancia de comprender los principios astrológicos. Esto se debe a que los planetas y las estrellas tienen un gran impacto en el campo de energía de la Tierra. Al comprender la influencia de los planetas y las estrellas sobre la energía de la Tierra, los geománticos pueden tomar decisiones más informadas sobre dónde colocar las líneas ley, cómo alinear los sitios sagrados y cómo maximizar los beneficios de las energías planetarias.

Además, un conocimiento profundo de la astrología puede ayudar a los geománticos a predecir potenciales problemas y tomar medidas para evitarlos. La astrología es una herramienta esencial para cualquier persona interesada en la geomancia. La conexión entre estas dos prácticas antiguas es innegable. Al comprender ambos, podemos desarrollar una comprensión más profunda de la energía de la tierra.

En las siguientes secciones, investigaremos individualmente cada planeta y la influencia de sus energías dentro de la geomancia.

Sol: el corazón de la geomancia

Efectos: creador de vida, creativo, vital, fuerza de voluntad

El Sol es el planeta más importante en geomancia. Es la fuente de toda la vida, y su energía es esencial para mantener el equilibrio natural de la Tierra. El Sol representa el ego y la fuerza de voluntad. Cuando el Sol es fuerte en una lectura, indica que el individuo tiene el potencial de lograr grandes cosas. Sin embargo, si el Sol es débil, indica que el individuo quizás deba esforzarse más para alcanzar sus objetivos.

La energía del Sol también está asociada con la creatividad y la autoexpresión. Cuando el Sol es fuerte, indica que el individuo tiene el potencial de crear algo hermoso o traer sus talentos únicos al mundo. Sin embargo, si el Sol es débil, indica que el individuo puede necesitar esforzarse más para llevar a cabo su visión creativa.

El Sol también se asocia con la vitalidad y la salud. Cuando el Sol es fuerte, indica que el individuo tiene el potencial de disfrutar de buena salud y vitalidad. Sin embargo, si el Sol es débil, indica que el individuo quizás deba cuidar un poco más de su salud y esforzarse más para mantener su vitalidad.

Simbolismo

El Sol está representado por un círculo con un punto en el centro. Esto simboliza la energía vivificante del Sol y su potencial creativo. El Sol también está asociado con el color oro, que representa el poder y la vitalidad del sol. El Sol también está asociado al elemento fuego. El fuego representa la energía del Sol y su capacidad de transmutar y crear.

Signos del zodíaco gobernados por el sol: Aries, Leo

Aries es gobernado por el Sol
https://pixabay.com/images/id-36388/

El Sol es considerado el planeta regente de Leo. Leo es representado por el león. Las personas nacidas bajo este signo a menudo son audaces, ambiciosas y confiadas. También se dice que las personas gobernadas por el Sol son líderes naturales y suelen ser muy buenos para inspirar a otros. Si conoce a alguien que nació bajo el signo de Leo, es posible que tenga una personalidad fuerte y siempre esté listo para un desafío.

El Sol es considerado también el planeta regente de Aries. A Aries lo representa el carnero. Las personas nacidas bajo este signo suelen ser impulsivas, valientes y competitivas. Al ser gobernados por el Sol son líderes naturales y a menudo son muy buenos para inspirar a otros. Si conoce a alguien que haya nacido bajo el signo de Aries, es posible que tenga una personalidad fuerte y siempre esté listo para un desafío.

Resumen sobre el Sol

El Sol es el planeta más importante en geomancia. Es la fuente de toda la vida y su energía es esencial para mantener el equilibrio natural de la Tierra. El Sol es un planeta que debe ser abordado con cuidado. Su energía es muy poderosa, y si no se usa correctamente, puede perjudicar la vida del individuo.

En general, el Sol es una influencia positiva en la lectura. Su energía está asociada con el crecimiento, la creatividad y la autoexpresión. Sin embargo, el Sol también puede ser un planeta difícil de manejar. Su energía es muy poderosa, y si no se usa correctamente, puede conducir al egoísmo, al narcisismo y a un sentido exagerado de poder.

Luna: nuestra vecina más cercana

Efectos: emociones, instinto, nutrición, energía femenina

La Luna es el segundo planeta más importante en geomancia. Está asociado con las emociones, los instintos y la crianza. La Luna representa la mente subconsciente, y su energía es a menudo más poderosa que la mente consciente. También está asociada con la energía femenina, y su energía es más acuosa y fluida que la energía masculina del Sol.

La energía de la Luna es más pasiva y receptiva que la del Sol. La Luna está asociada con la intuición y los sentimientos, y su energía es más compasiva y nutritiva. La energía de la Luna también es más perturbadora que la del Sol. La Luna está asociada con la adicción, la obsesión y la enfermedad mental.

Simbolismo

La Luna está representada por una media luna, que simboliza su conexión con las emociones y la intuición. También se asocia con el color plateado. Esto representa la conexión de la Luna con las emociones y la intuición. También se asocia con el elemento agua. El agua representa la energía fluida y cambiante de la luna.

Signos del zodíaco gobernados por la Luna: Cáncer, Piscis

La Luna es el planeta que gobierna al signo de Cáncer
https://pixabay.com/images/id-2551431/

El signo de Cáncer está representado por el cangrejo. Las personas nacidas bajo este signo suelen ser emocionales, intuitivas y cariñosas. Las personas gobernadas por la luna están en sintonía con sus sentimientos y suelen ser buenas para comprender las emociones de los demás.

La luna también se considera el planeta gobernante de Piscis. Piscis es representado por los peces. Las personas nacidas bajo este signo suelen ser compasivas, adaptables e imaginativas. Se dice que este signo es el más intuitivo de todos los signos del zodíaco. Al estar gobernados por la luna, suelen estar en sintonía con sus emociones.

Resumen sobre la Luna

La Luna es el segundo planeta más importante en geomancia. Está asociado con las emociones, los instintos y la crianza. La Luna representa la mente subconsciente, y su energía suele ser más poderosa que la mente consciente. También está asociada con la energía femenina, y su energía es más acuosa y fluida que la energía masculina del Sol.

En general, la luna es una influencia positiva en las lecturas. Su energía está asociada con la intuición, la compasión y la creatividad. Sin embargo, la Luna también puede ser un planeta difícil de lidiar. Su energía es muy poderosa, y si no se usa correctamente, puede conducir a la adicción, la obsesión y la enfermedad mental.

Mercurio: el mensajero

Efectos: comunicación, inteligencia, viajes

Mercurio es el tercer planeta más importante en geomancia. Se asocia con la comunicación, la inteligencia y los viajes. Mercurio representa la mente consciente, y su energía suele ser más activa y analítica que la mente subconsciente. Mercurio está asociado al elemento aire. Esto representa la asociación de Mercurio con la comunicación y las ideas.

La energía de Mercurio es más mental que emocional. Este planeta está asociado con la lógica y la razón, y su energía es más cerebral que la energía emocional de la Luna. Mercurio también se asocia al comercio y el transporte.

Simbolismo

Mercurio está representado por un mensajero alado. Esto simboliza la conexión de Mercurio con la comunicación y los viajes. También se asocia con el color verde. Esto representa su conexión con el crecimiento, la fertilidad y la naturaleza.

Signos del zodíaco gobernados por Mercurio: Géminis, Virgo

Géminis está regido por Mercurio
https://pixabay.com/images/id-2550197/

Mercurio es considerado el planeta regente de Géminis y está representado por los gemelos. Las personas nacidas bajo este signo suelen tener buena comunicación, son muy sociales y bastante adaptables.

También se dice que Géminis es el más inteligente de todos los signos del zodíaco, y las personas gobernadas por Mercurio suelen ser muy ingeniosas y astutas.

Mercurio también es considerado el planeta gobernante de Virgo y está representado por la virgen. Las personas nacidas bajo este signo suelen ser trabajadoras, prácticas y orientadas al detalle. También se dice que Virgo es el más realista de todos los signos del zodíaco. Además, las personas gobernadas por Mercurio suelen ser muy sensatas y con los pies en la tierra.

Resumen sobre Mercurio

Mercurio es el tercer planeta más importante en geomancia. Se asocia a la comunicación, la inteligencia y los viajes. Mercurio representa la mente consciente, y su energía suele ser más activa y analítica que la mente subconsciente. Mercurio está asociado al elemento aire. Esto representa la conexión de Mercurio con la comunicación y las ideas.

Venus: el amante

Efectos: amor, belleza, dinero

Venus es el cuarto planeta más importante en geomancia. Se asocia con el amor, la belleza y el dinero. Venus representa el corazón, y su energía suele ser más romántica y emocional que la energía de la mente. Venus también está asociado con el elemento tierra. Esto representa la conexión de Venus con el mundo físico.

Simbolismo

Venus es representada por la diosa del amor. Esto simboliza la conexión de Venus con el amor y la belleza. Venus también se asocia al color rosa. Esto representa la conexión de Venus con el romance y la feminidad. Es planeta regente en el signo de Géminis y trae un elemento adicional de adaptabilidad al amor y las relaciones.

Signos del zodíaco gobernados por Venus: Tauro, Libra

Venus es el planeta regente de Tauro
https://pixabay.com/images/id-2552502/

Venus es considerado el planeta regente de Tauro, signo representado por el toro. Las personas nacidas bajo este signo suelen ser confiables, pacientes y trabajadoras. También se dice que Tauro es el más realista de todos los signos del zodíaco. Además, las personas gobernadas por Venus suelen ser sensuales y materialistas.

Venus también es planeta gobernante de Libra. Libra está representado por la balanza. Las personas nacidas bajo este signo suelen ser diplomáticas, justas y sociales. También se dice que Libra es el más idealista de todos los signos del zodíaco, y las personas gobernadas por Venus suelen ser románticas y buenas para las relaciones.

Resumen sobre Venus

Se asocia con el amor, la belleza y el dinero. Venus representa el corazón, y su energía suele ser más romántica y emocional que la energía de la mente. Venus también está asociado con el elemento tierra. Esto representa la conexión de Venus con el mundo físico. Es planeta regente en el signo de Géminis y trae un elemento adicional de adaptabilidad al amor y las relaciones.

Marte: el guerrero

Efectos: acción, energía, pasión

El planeta Marte lleva el nombre del dios romano de la guerra. Marte está asociado con la acción, la energía y la pasión. Marte representa la voluntad, y su energía suele ser contundente y agresiva. Marte también está asociado con el elemento fuego. Esto representa la conexión de Marte con la energía y la pasión. Se asocia al color rojo. Esto representa la conexión de Marte con la acción y la asertividad.

Simbolismo

Marte está representado por el dios de la guerra. Esto simboliza la conexión de Marte con la acción y la agresión. Marte también está asociado con el hierro. Esto representa su conexión con la fuerza y el poder. El símbolo de Marte es una lanza, que representa su conexión con la asertividad y el coraje.

Signos del zodíaco gobernados por Marte: Aries, Escorpio

Marte es considerado el planeta regente de Escorpio
https://pixabay.com/images/id-2782164/

Marte es también planeta regente de Aries. Este signo es representado por el carnero. Las personas nacidas bajo este signo suelen ser impulsivas, entusiastas y competitivas. También se dice que Aries es el más independiente de todos los signos del zodíaco. Además, las personas gobernadas por Marte suelen ser firmes y testarudas.

Marte es también planeta regente de Escorpio. Este signo es representado por el escorpión. Las personas nacidas bajo este signo suelen ser intensas, apasionadas e ingeniosas. También se dice que Escorpio es el más misterioso de todos los signos del zodíaco. Además, las personas gobernadas por Marte suelen ser más privadas y reservadas.

Resumen sobre Marte

Marte está asociado con la acción, la energía y la pasión. Marte representa la voluntad, y su energía suele ser contundente y agresiva.

Marte también está asociado con el elemento fuego. Esto representa la conexión de Marte con la energía y la pasión. Es planeta regente de Aries, y aporta un elemento adicional de independencia a la acción y asertividad.

Júpiter: el planeta de la suerte

Efectos: expansión, optimismo, oportunidad

El planeta Júpiter lleva el nombre del dios romano de la suerte. Júpiter está asociado a la expansión, el optimismo y la oportunidad. Representa el principio de crecimiento, y su energía suele ser optimista y generosa. Júpiter está asociado también al elemento fuego. Esto representa la conexión de Júpiter con el crecimiento y la expansión. El color púrpura también tiene que ver con Júpiter. Este color representa su conexión con la sabiduría y el conocimiento.

Simbolismo

El símbolo de Júpiter es un rayo, que representa su conexión con el poder y la autoridad. Júpiter también está asociado al estaño. Esto representa su conexión con la suerte y la fortuna. Otra asociación es con el jueves. Esto representa su conexión con la abundancia y la prosperidad.

Signos del zodíaco gobernados por Júpiter: Sagitario, Piscis

Piscis es gobernado por Júpiter
https://pixabay.com/images/id-2782348/

Júpiter es considerado el planeta regente de Sagitario. Sagitario es representado por el arquero. Las personas nacidas bajo este signo suelen ser optimistas, independientes y aventureras. Sagitario es también el más idealista de todos los signos del zodíaco. Las personas gobernadas por Júpiter suelen ser positivas y creen firmemente en la justicia.

Júpiter es también planeta gobernante del signo de Piscis. Piscis está representado por los peces. Las personas nacidas bajo este signo suelen ser compasivas, imaginativas y sensibles. Piscis es también el más espiritual de todos los signos del zodíaco. Además, las personas gobernadas por Júpiter suelen ser muy intuitivas y suelen estar en contacto con sus seres superiores.

Resumen sobre Júpiter

Júpiter está asociado a la expansión, el optimismo y la oportunidad. Representa el principio de crecimiento, y su energía suele ser de optimismo y generosidad. Júpiter está asociado también al elemento fuego. Esto representa su conexión con el crecimiento y la expansión. Es planeta regente de Sagitario y trae un elemento adicional de aventura e idealismo a la acción.

Saturno: el planeta de la responsabilidad

Efectos: estructura, disciplina, restricción

El planeta Saturno lleva el nombre del dios romano del tiempo. Saturno está asociado a la estructura, la disciplina y la restricción. Saturno representa el principio de limitación, y su energía suele ser de seriedad y sobriedad. Saturno se asocia al elemento tierra. Esto representa la conexión de Saturno con la estabilidad y la resistencia. También se asocia al color negro. Esto representa su conexión con la oscuridad y el misterio.

Simbolismo

El símbolo de Saturno es una cruz, que representa su conexión con la responsabilidad y el deber. También se asocia al plomo. Esto representa su conexión a la pesadez y la densidad. Saturno también se asocia con el sábado. Esto representa su conexión con la estructura y la disciplina.

Signos del zodíaco gobernados por Saturno: Capricornio, Acuario

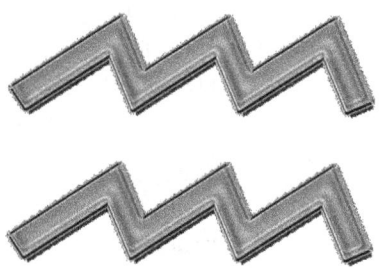

Acuario está gobernado por Saturno
https://pixabay.com/images/id-3915988/

Saturno es considerado el planeta regente de Capricornio. Capricornio está representado por la cabra. Las personas bajo este signo suelen ser ambiciosas, trabajadoras y prácticas. Capricornio es también el más disciplinado de todos los signos del zodíaco. Además, las personas gobernadas por Saturno suelen ser muy responsables y confiables.

Saturno es también planeta regente de Acuario. Este signo está representado con un portador de agua. Las personas nacidas bajo este signo suelen ser humanitarias, progresistas y excéntricas. Acuario es también el menos convencional de todos los signos del zodíaco. Además, las personas gobernadas por Saturno suelen ser independientes y originales.

Resumen sobre Saturno

Saturno está asociado a la estructura, la disciplina y la restricción. Saturno representa el principio de limitación, y su energía suele ser de seriedad y sobriedad. Saturno se asocia al elemento tierra. Esto representa su conexión con la estabilidad y la resistencia. Es planeta regente de Capricornio y aporta un elemento adicional de ambición y practicidad a la acción.

Nodos lunares: la cabeza y la cola del dragón

Los nodos lunares son dos puntos en el espacio donde la órbita de la Luna se cruza con la órbita de la Tierra alrededor del Sol. Ese punto donde se cruzan las órbitas se llama nodo. Los nodos lunares también se conocen a veces como la cabeza y la cola del dragón.

El nodo norte se considera la Cabeza del dragón, y el nodo sur se considera la Cola del dragón. El nodo norte está asociado con el potencial futuro, y el nodo sur está asociado con la experiencia.

También se dice que los nodos lunares son los puntos del destino kármico. Se dice que el nodo norte representa la misión de nuestra alma en esta vida, y que el nodo sur representa el karma de nuestra alma de vidas pasadas.

Simbolismo

El símbolo de los nodos lunares son dos círculos conectados por una línea. La línea representa el camino del destino, y los círculos representan la cabeza y la cola del dragón. El nodo norte está asociado con el elemento fuego, y el nodo sur está asociado con el elemento agua. Esto representa las energías opuestas de los nodos lunares.

Signos del zodíaco gobernados por los nodos lunares: Cáncer, Capricornio

Capricornio está gobernado por los nodos lunares
https://pixabay.com/images/id-2782396/

Se dice que los nodos lunares gobiernan los signos Cáncer y Capricornio. Cáncer es el signo representado por el cangrejo. Las personas nacidas bajo este signo suelen ser emocionales, intuitivas y cariñosas. Cáncer también es el signo del hogar. Además, las personas gobernadas por los nodos lunares suelen ser personas orientadas a la familia.

La cabra representa al signo de Capricornio. Las personas nacidas bajo este signo suelen ser ambiciosas, trabajadoras y prácticas. Capricornio también es un signo de responsabilidad. Además, las personas gobernadas por los nodos lunares suelen ser personas de confianza.

Resumen sobre nodos lunares

Los nodos lunares no son planetas, pero se consideran puntos muy importantes en el espacio. Se dice que tienen una influencia poderosa en nuestras vidas y a menudo se estudian en astrología y karma. Se dice que los nodos lunares son los puntos del destino kármico y representan la misión de nuestra alma en esta vida.

Los planetas y otros cuerpos celestes tienen gran influencia en nuestras vidas, tanto en términos de personalidad como de eventos que dan forma a nuestro mundo. Al comprender el simbolismo y el significado de los planetas, podemos comprendernos mejor a nosotros mismos y al universo que nos rodea.

Capítulo 3: Los elementos y los signos del zodíaco

¿Alguna vez se ha preguntado por qué las personas actúan de cierta manera? ¿Por qué se siente atraído por ciertos tipos de personas? Quizás tenga que ver con las estrellas. En este capítulo, exploraremos el lado espiritual de los signos del zodíaco y descubriremos el significado detrás de cada elemento.

Hay cuatro elementos en la astrología: fuego, tierra, aire y agua. Cada elemento está asociado con un conjunto de cualidades. Todos los signos del zodíaco pertenecen a uno de estos cuatro elementos. Este capítulo se divide en cuatro secciones, una para cada elemento. Comenzaremos con una descripción general del elemento, seguida de una lista de palabras clave, un símbolo y una descripción de los signos del zodíaco que se le asocian.

Todos los signos del zodíaco se asocian a alguno de estos cuatro elementos
%chttps://pixabay.com/es/photos/reloj-hist33rico-praga-ciudad-1096054/%b

Aprenderá sobre las palabras clave, los símbolos y los rasgos asociados con los signos del zodíaco de fuego (Aries, Leo y Sagitario), tierra (Tauro, Virgo y Capricornio), aire (Géminis, Libra y Acuario) y agua (Cáncer, Piscis y Escorpio). Al final de este capítulo, tendrá una mayor comprensión de sí mismo y de los demás.

Significado espiritual de los signos del zodíaco

Cada signo del zodíaco tiene su propio conjunto único de características y rasgos. Pero, ¿sabía que cada uno tiene un significado espiritual? Por ejemplo, Aries se asocia con nuevos comienzos, mientras que Piscis se asocia con la compasión y el perdón.

Al comprender el significado espiritual de su signo del zodíaco, puede comprenderse mejor a sí mismo y su lugar en el mundo. ¿Cuál es el significado espiritual de su signo zodiacal? Siga leyendo para descubrirlo.

Fuego: Aries, Leo y Sagitario

Palabras clave: acción, asertividad, pasión, creatividad

Símbolo del elemento fuego: el triángulo

El elemento fuego está asociado con cualidades como la pasión, el coraje y la determinación. Los signos de fuego son conocidos por su alta energía y entusiasmo. Si se siente atraído por personas con estas cualidades, es probable que sea porque usted mismo es signo de fuego.

Los signos de fuego también se asocian con las casas astrológicas del Yo (Primera Casa), la creatividad (Quinta Casa) y la espiritualidad (Novena Casa). El planeta que gobierna a las personas con signos de fuego es Marte. El planeta rojo está asociado con la energía, la acción y la asertividad.

Signos del zodíaco asociados con el fuego

Son tres los signos del zodíaco asociados con el fuego: Aries, Leo y Sagitario. Se dice que las personas de estos signos son apasionadas, dinámicas y llenas de energía. Tienden a ser líderes naturales y suelen elegir carreras que implican asumir riesgos. Las personas de estos signos también son conocidas por su sentido de la aventura. Disfrutan de viajar o participar en actividades al aire libre.

Si bien estas personas pueden ser cálidas y amorosas, también pueden ser un poco impulsivas. Sin embargo, su feroz determinación y actitud optimista generalmente los ayudan a superar cualquier obstáculo que se les presente.

Aries

Rasgos: aventurero, líderes naturales, determinado

Aries es el primer signo del zodíaco y se asocia con nuevos comienzos. Se dice que las personas de este signo son líderes naturales. A menudo se sienten atraídos por carreras que implican tomar riesgos y disfrutan de viajar o participar en actividades al aire libre.

Las personas de Aries también son conocidas por su sentido de la aventura y pueden ser impulsivas. Sin embargo, su feroz determinación y actitud optimista generalmente los ayudan a superar cualquier obstáculo que se les presente.

Simbolismo: el carnero

El símbolo de Aries es un carnero, que representa la asertividad, el coraje y la determinación. En la mitología griega, el carnero estaba asociado con el Olimpo, el hogar de los dioses. Esta conexión le da a Aries un sentido adicional de nobleza y grandeza. Tanto si usted es un Aries como si conoce a alguien más que lo es, no puede evitar sentirse atraído por su energía y fuerza de carácter.

Leo

Rasgos: generoso, creativo, cálido, leal

Leo es el quinto signo del zodíaco y está asociado con la casa astrológica de la creatividad (Quinta Casa). Las personas nacidas bajo este signo son creativas y de buen corazón. Tienden a ser líderes naturales y suelen elegir carreras que implican asumir riesgos.

También son conocidas por su sentido de la aventura. Disfrutan de viajar o participar en actividades al aire libre. Si bien las personas con estos signos del zodíaco pueden ser impulsivas, su determinación feroz y actitud optimista generalmente les ayudan a superar cualquier obstáculo que se les presente.

Simbolismo: el león

El león es el símbolo de Leo, y representa el coraje, la fuerza y la realeza. El león es una criatura noble que a menudo se asocia con el Sol. En la mitología griega, el león estaba asociado con el Olimpo, el hogar de los dioses. El vínculo entre Leo y el Sol le da a Leo una sensación adicional de calidez y generosidad.

Sagitario

Rasgos: independiente, optimista, buscadores de la verdad

Sagitario es el noveno signo del zodíaco y está asociado con la casa astrológica de la espiritualidad (Novena Casa). Las personas de este signo son independientes y optimistas. Tienden a buscar siempre la verdad y suelen elegir carreras que implican asumir riesgos.

Las personas de este signo son conocidas por su sentido del humor y su amor por los viajes. Sagitario es un signo de fuego y está gobernado por Júpiter. Júpiter está asociado con la buena fortuna, la expansión y la abundancia.

Simbolismo: el arquero

El arquero es el símbolo de Sagitario y representa la búsqueda de la verdad y el optimismo. El arquero también está asociado con el planeta Júpiter, lo que le da a Sagitario su actitud optimista. Las personas de este signo siempre apuntan hacia las estrellas.

Tierra: Tauro, Virgo y Capricornio

Palabras clave: conectado a tierra, práctico, fiable

Símbolo de la Tierra: el pentáculo

Los signos de tierra son personas cimentadas, prácticas y confiables. Suelen atraerles las carreras que implican ayudar a otros y disfrutan trabajando con sus manos. Las personas de estos signos son pacientes y metódicas, pero también pueden ser inflexibles y obstinadas.

Los signos de tierra están gobernados por el planeta Saturno, que está asociado con la disciplina, la responsabilidad y el trabajo duro. El símbolo de la tierra es un pentáculo, que representa el mundo material. Un pentáculo es una estrella de cinco puntas que está encerrada en un círculo. Los cinco puntos de la estrella representan los cinco elementos: tierra, aire, fuego, agua y espíritu.

En la mitología griega, la tierra estaba asociada con Deméter, la diosa de la cosecha. Deméter era una diosa amable y generosa, pero también podía ser severa e inflexible. El vínculo entre la tierra y Deméter da a aquellos con signos de tierra su naturaleza práctica y confiable.

Tauro

Rasgos: confiable, paciente, práctico, sensual

Tauro es el segundo signo del zodíaco y está asociado con la casa astrológica de las posesiones materiales (Segunda Casa). Las personas que tienen este signo son confiables y pacientes. Tienden a ser prácticos y realistas, y pueden sentirse atraídos por carreras que implican seguridad y estabilidad.

Las personas con este signo también son conocidas por su amor a los placeres sensuales. Tauro es un signo de tierra y está gobernado por el planeta Venus. Venus está asociado con el amor, la belleza y el placer. También está vinculado a la diosa Afrodita, conocida por su belleza y sensualidad.

Simbolismo: el toro

El toro es el símbolo de Tauro, y representa la fiabilidad, la paciencia y la practicidad. El toro también está asociado con el planeta Venus, lo que le da a Tauro su amor por la belleza y el placer. El toro es una criatura gentil, pero también puede ser terco e inflexible. Esta combinación de cualidades hace de Tauro un signo confiable y realista.

Virgo

Rasgos: analítico, leal, trabajador, práctico

Virgo es el sexto signo del zodíaco y está asociado con la casa astrológica del trabajo y la salud (Sexta Casa). Las personas de este signo son analíticas y trabajadoras. Tienden a ser leales y prácticos y, a menudo, se sienten atraídos por carreras que implican ayudar a los demás.

Las personas de este signo también son conocidas por su atención al detalle. Virgo es un signo de tierra, y las personas de este signo están gobernadas por Mercurio. Mercurio está asociado a la comunicación, el comercio y los viajes. También está vinculado al dios Hermes, que era conocido por su astucia e ingenio.

Simbolismo: la virgen

La virgen es el símbolo de Virgo, y representa la pureza, la inocencia y la virginidad. La virgen también está asociada con el planeta Mercurio, lo que le da a Virgo su atención al detalle y su mente analítica. La virgen es una criatura pura e inocente, pero también puede ser compleja y misteriosa. Esta combinación de cualidades hace de Virgo un signo analítico y trabajador.

Capricornio

Rasgos: ambicioso, motivado, persistente, ingenioso

Capricornio es el décimo signo del zodíaco y está asociado con la casa astrológica de la carrera y la ambición (Décima Casa). Las personas de este signo son ambiciosas e impulsivas. Tienden a ser persistentes e ingeniosos y, a menudo, se sienten atraídos por carreras que involucran poder y estatus.

Las personas de este signo también son conocidas por su disciplina y autocontrol. Capricornio es un signo de tierra, y las personas con este signo están gobernadas por Saturno. Saturno está asociado con la responsabilidad, el trabajo duro y la disciplina. También está vinculado al dios Cronos, que era conocido por su fuerza y poder.

Simbolismo: la cabra

La cabra es el símbolo de Capricornio, y representa la ambición, la persistencia y el ingenio. La cabra también está asociada con el planeta Saturno, lo que le da a Capricornio su disciplina y autocontrol. La cabra es una criatura trabajadora y decidida, pero también puede ser obstinada e inflexible. Esta combinación de cualidades hace de Capricornio un signo ambicioso e motivado.

Aire: Géminis, Libra, Acuario

Palabras clave: comunicación, intelectualismo, interacciones sociales

Símbolo del elemento aire: el mensajero alado

Los signos de aire están asociados con las casas astrológicas de la comunicación (Tercera Casa) y la de las interacciones sociales (Undécima Casa). Las personas con signos de aire a menudo son conocidas por sus habilidades de comunicación e intelectualismo. Suelen ser sociables y extrovertidos y, pueden atraerles aquellas carreras que involucran todo tipo de interacciones sociales.

El símbolo del aire es el mensajero alado, que representa la comunicación y el intelectualismo. El mensajero también está asociado con el planeta Mercurio, que le da a los signos de aire las habilidades de comunicación y la naturaleza social. El mensajero es una criatura rápida y ágil, pero también puede estar disperso y desenfocado. Es esta combinación de cualidades lo que hace que los signos de aire sean sociales e intelectuales.

Géminis

Rasgos: adaptable, comunicativo, curioso, social

Géminis es el tercer signo del zodíaco y está asociado con la casa astrológica de la comunicación (Tercera Casa). Las personas de este signo son conocidas por sus habilidades de comunicación y naturaleza curiosa. Suelen ser sociables y extrovertidos. Les interesan las carreras que involucran todo tipo de interacciones sociales.

Las personas de este signo también son conocidas por su naturaleza dual. Géminis es un signo de aire, y las personas de este signo están regidas por Mercurio. Mercurio está asociado a la comunicación, el comercio y los viajes. También está vinculado al dios Hermes, que era conocido por su astucia e ingenio.

Simbolismo: los gemelos

Los gemelos son el símbolo de Géminis y representan la comunicación y la dualidad. Los gemelos también están asociados con el planeta Mercurio, lo que le da a Géminis sus habilidades de comunicación y naturaleza inquisitiva. Los gemelos son criaturas rápidas y ágiles, pero también pueden estar dispersos y desenfocados. Esta combinación de cualidades hace de Géminis un signo adaptable y comunicativo.

Libra

Rasgos: equilibrado, diplomático, de mente justa, social

Libra es el séptimo signo del zodíaco y está asociado con la casa de las relaciones (Séptima Casa). Las personas de este signo a menudo son conocidas por su diplomacia y naturaleza social. Tienden a ser justos y equilibrados, y suelen interesarles las carreras que involucren interacciones sociales.

Las personas de este signo también son conocidas por su indecisión. Libra es un signo de aire y está regido por Venus. Venus se asocia con el amor, la belleza y las relaciones. También está asociado con la diosa Afrodita, conocida por su belleza y sensualidad.

Simbolismo: la balanza

El símbolo de Libra es la balanza, que representa el equilibrio y las relaciones. La balanza también se asocia a Venus, lo que le da a Libra su naturaleza diplomática y social. Estas personas pueden ser estables y confiables, pero también pueden ser indecisas y cambiantes. Esta combinación de cualidades hace de Libra un signo equilibrado y justo.

Acuario

Rasgos: excéntrico, amistoso, humanitario, independiente

Acuario es el undécimo signo del zodíaco y está asociado con la casa astrológica de las interacciones sociales (Undécima Casa). Las personas de este signo suelen destacarse por su excentricidad y humanitarismo. Suelen ser sociables y extrovertidos. Les interesan las carreras que involucran todo tipo de interacciones sociales.

Las personas de este signo también son conocidas por su naturaleza impredecible. Acuario es un signo de aire, y las personas de este signo están gobernadas por el planeta Urano. Urano está asociado con el cambio, la libertad y la innovación. También está vinculado al dios Zeus, que era conocido por su poder y fuerza.

Simbolismo: el portador de agua

El portador de agua es el símbolo de Acuario y representa la excentricidad y el humanitarismo. El portador de agua también está asociado con el planeta Urano, lo que le da a Acuario su naturaleza impredecible. El portador de agua es creativo y poco convencional, pero también puede ser distante y desapegado. Esta combinación de cualidades hace de Acuario un signo excéntrico e independiente.

Agua: Cáncer, Piscis, Escorpio

Palabras clave para el elemento agua: emocional, intuitivo, compasivo, enriquecedor, imaginativo, sensible

Símbolo del elemento agua: la copa

Los signos de agua están asociados con las casas astrológicas de las emociones (Cuarta Casa) y la imaginación (Duodécima Casa). Las personas de signos de agua a menudo son conocidas por sus emociones e imaginación. Tienden a ser compasivos y cariñosos. Suelen interesarse por carreras que involucren el cuidado de los demás.

Las personas con signos de agua también son conocidas por su sensibilidad. Los signos de agua están regidos por el planeta Neptuno y la Luna. La Luna está asociada con las emociones, mientras que Neptuno está asociado con la imaginación. Los signos de agua están obviamente vinculados al elemento agua, que está asociado con las emociones y la intuición.

Su símbolo es la copa, que representa las emociones y la imaginación. La copa también está asociada con el planeta Neptuno, lo que le da a los signos de agua su sensibilidad. La copa es un receptáculo para las emociones, y también es una fuente de alimento. Es esta combinación de cualidades lo que hace que los signos de agua sean compasivos y nutritivos.

Cáncer

Rasgos: emocional, intuitivo, compasivo, nutritivo

Cáncer es el cuarto signo del zodíaco y se asocia con la casa astrológica de las emociones (Cuarta Casa). Las personas de este signo suelen ser conocidas por sus emociones y compasión. Suelen ser compasivos y cariñosos. Suelen interesarles las carreras que involucren el cuidado de los demás.

Las personas de este signo también son conocidas por su sensibilidad. Cáncer es un signo de agua, y las personas de este signo están gobernadas por la Luna. La Luna está asociada con las emociones. Cáncer también está relacionado con el elemento agua y la intuición.

Simbolismo: el cangrejo

Su símbolo es el cangrejo, que representa las emociones y la compasión. El cangrejo también está asociado con el planeta Luna, lo que le da a Cáncer su sensibilidad. El cangrejo es una criatura trabajadora y leal, pero también puede ser malhumorado y retraído. Esta combinación de cualidades hace que Cáncer sea un signo emocional y compasivo.

Piscis

Rasgos: emocional, intuitivo, compasivo, nutritivo

Piscis es el duodécimo signo del zodíaco, y está asociado con la casa astrológica de la imaginación (Casa Duodécima). Las personas de este signo suelen ser conocidas por su imaginación y por su compasión. Suelen ser intuitivos y cariñosos. Suelen interesarse por carreras que involucren el cuidado de los demás.

Las personas de este signo también son conocidas por su sensibilidad. Piscis es un signo de agua, y el planeta Neptuno gobierna a las personas de este signo. Neptuno está asociado con la imaginación. Piscis también está relacionado con el elemento agua y la intuición.

Simbolismo: el pez

Su símbolo es el pez, que representa la imaginación y la compasión. El pez también está asociado con el planeta Neptuno, lo que le da a Piscis su particular sensibilidad. El pez es una criatura creativa e imaginativa, pero también puede distraerse con facilidad. Esta combinación de cualidades hace que Piscis sea un signo compasivo e imaginativo.

Escorpio

Rasgos: emocional, intuitivo, apasionado, cariñoso, sensible

Escorpio es el cuarto signo del zodíaco y se asocia con la casa astrológica de las emociones (Cuarta Casa). Las personas de este signo suelen ser conocidas por sus emociones y su pasión. Generalmente son intuitivos y cariñosos. Les atraen las carreras que involucren el cuidado de los demás.

Las personas de este signo también son conocidas por su sensibilidad. Escorpio es un signo de agua, y los gobierna el planeta Plutón. Plutón se asocia con la pasión. Escorpio también está relacionado con el elemento agua y la intuición.

Simbolismo: el escorpión

El escorpión representa la pasión y la emoción. También está asociado con el planeta Plutón, que le da a Escorpio su sensibilidad. El escorpión es una criatura apasionada e intensa, pero también puede ser celosa y posesiva. Esta combinación de cualidades hace que Escorpio sea un signo asociado a la pasión y la emoción.

El significado espiritual de los signos del zodíaco y sus elementos se pueden utilizar para ayudar a entender las personalidades de la gente. Los cuatro elementos (fuego, tierra, aire y agua) representan diferentes cualidades asociadas con los doce signos del zodíaco.

Los signos de fuego están asociados con cualidades como la pasión y la energía, mientras que los signos de tierra están asociados con cualidades como la estabilidad y la practicidad. Los signos de aire están asociados con cualidades como la inteligencia y la comunicación, mientras que los signos de agua están asociados con cualidades como la emoción y la intuición.

Cada signo está gobernado por un planeta, y cada planeta le da a los signos sus cualidades únicas. Por ejemplo, Marte le da a Aries su energía ardiente, mientras que Venus le da a Libra su encanto diplomático. Neptuno le da a Piscis su naturaleza imaginativa, mientras que Plutón le da a Escorpio su intensa pasión.

Al comprender el significado de los signos del zodíaco y sus elementos, podemos comprender mejor las personalidades de los demás. Las personas son complejas, y ningún signo puede describir perfectamente a un ser humano. Sin embargo, al observar los elementos y planetas asociados con cada signo, podemos tener una idea general de qué cualidades representa cada uno.

Capítulo 4: Las casas geománticas

¿Quiere aprender sobre las casas geománticas? ¿Conoce alguna de las 12 casas geománticas? Estas 12 casas se originaron en la astrología babilónica y más tarde fueron adoptadas por los griegos. Son una pieza fundamental para interpretar una carta geomántica. Mientras que las casas astrológicas se ocupan de las energías planetarias, las casas geománticas se ocupan de las energías de la Tierra.

En este capítulo, discutiremos el significado y la importancia de las casas. Aprenderá sobre las 12 casas y sus gobernantes. También hablaremos sobre las tres casas geománticas "extra": los Dos Testigos y el Juez. Al final de este capítulo, tendrá una mejor comprensión de las casas geománticas y cómo se pueden usar para interpretar una carta geomántica.

Introducción a las casas geománticas

Si recién está comenzando con la geomancia, es posible que se pregunte sobre las casas. ¿Acaso no son solo una forma de dividir el cielo? Si bien esa es una forma de pensarlas, hay mucho más para estudiar. Comprender cómo usar las casas es esencial para interpretar una carta geomántica correctamente.

Cada una de las 12 casas corresponde a un área diferente de la vida, y cada una está asociada con un planeta y signo zodiacal diferente. Al mirar una carta geomántica, puede tener una idea de qué áreas de la vida están siendo afectadas por qué planetas. Por ejemplo, si ve un planeta en la primera casa, indica que actualmente se están produciendo algunos cambios importantes en su vida. Si ve un planeta en la séptima casa, indica que las relaciones están jugando un papel importante en su situación actual.

Por supuesto, esto es sólo una introducción muy básica a las casas geománticas. Hay mucho más que aprender si quiere sacar el máximo provecho de este antiguo sistema de adivinación. Pero incluso si solo tiene una comprensión básica de las casas, puede usarlas para obtener información valiosa sobre su vida.

Las 12 casas geománticas

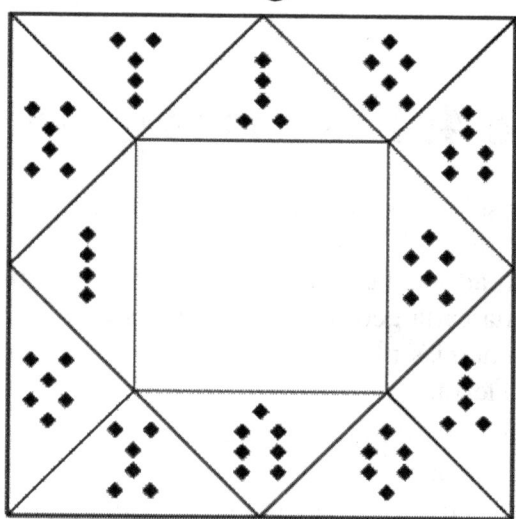

Gráfico de casa geomántica
https://commons.wikimedia.org/wiki/File:Geomantic_figures.svg

Ahora que hemos introducido brevemente el concepto de "casa geomántica", echemos un vistazo más profundo a cada una de las 12 casas. Recuerde, cada casa corresponde a un área diferente de la vida. Preste atención a las áreas de su vida que se ven más afectadas por los planetas en cada casa.

Las casas se dividen cada una en tres grupos de cuatro. El primer grupo, conocido como las "casas angulares", comprende las casas 1, 4, 7 y 10. Estas son las casas más importantes en una carta geomántica, ya que representan las áreas de la vida que son más afectadas por los planetas.

El segundo grupo, conocido como las "casas sucesivas", comprende las casas 2, 5, 8 y 11. Estas casas representan las segundas áreas más afectadas por los planetas. El tercer grupo, conocido como las "casas cadentes", comprende las casas 3, 6, 9 y 12. Estas casas representan las áreas menos afectadas por los planetas.

Las casas angulares gobiernan las áreas más importantes para usted, mientras que las casas cadentes gobiernan sus áreas menos importantes. Las casas sucesivas caen en algún punto intermedio, gobernando áreas de la vida que son más o menos importantes para usted. Ahora que ya sabe cómo se dividen las casas, veamos cada una de ellas con más detalle.

La primera casa: la casa del Yo

Si usted está buscando entenderse mejor, la primera casa es un gran lugar para empezar. También conocida como la "Casa del Yo", esta casa astrológica habla de su identidad y de cómo se presenta ante el mundo. También está estrechamente relacionada con su apariencia física, por lo que si desea realizar cambios en su aspecto, la primera casa puede ofrecer una idea sobre esta área.

Para explorar más a fondo la primera casa, eche un vistazo a su carta natal. El signo que ocupa esta casa le dará pistas sobre las áreas de su vida que son más importantes para usted. Por ejemplo, si Aries está en su primera casa, puede ser una persona motivada y ambiciosa. O, si Cáncer está en esta casa, usted puede darle un gran valor a la familia y la vida en el hogar.

La primera casa, también conocida como "ascendente", está asociada con el planeta Marte y el signo del zodíaco Aries. Esta casa representa su individualidad y cómo se relaciona con el mundo que lo rodea. Al comprender la energía de la primera casa, puede comprender mejor quién es usted y qué lo hace único.

La segunda casa: la casa de las posesiones

La segunda casa abarca las posesiones y la riqueza material. Esto incluye no solo sus posesiones físicas, sino también sus recursos financieros, habilidades y talentos, y cualquier otra cosa que considere valiosa. En cierto modo, la segunda casa es una medida de su autoestima. ¿Se considera rico o pobre? ¿Tiene mucho para ofrecer al mundo, o siente que no tiene nada que ofrecer?

La segunda casa también se trata de cómo maneja sus posesiones. ¿Es un acaparador o un minimalista? ¿Cuida sus pertenencias o permite que se desgasten? La segunda casa nos recuerda que nuestras posesiones no son permanentes, sino que están sujetas a cambios y desgracias. Por lo tanto, es importante usar nuestras posesiones sabiamente y recordar que no son lo que finalmente le da valor a nuestras vidas.

La tercera casa: la casa de las comunicaciones

La tercera casa tiene que ver con la comunicación y el intercambio de ideas. Esto incluye el lenguaje hablado, el lenguaje escrito, el lenguaje corporal y cualquier otra forma de comunicación. También incluye nuestra relación con el conocimiento y el aprendizaje. ¿Nos gusta aprender cosas nuevas o preferimos apegarnos a lo que ya sabemos?

La tercera casa también se trata de nuestro entorno inmediato y las personas con las que interactuamos a diario. Esto incluye a nuestros hermanos, nuestros vecinos y nuestros compañeros de trabajo. La tercera casa es un recordatorio de que estamos constantemente interactuando con el mundo que nos rodea y que nuestras interacciones impactan significativamente en nuestras vidas.

La cuarta casa: la casa del hogar y la familia

La cuarta casa se conoce comúnmente como la casa del hogar y la familia. Esto se debe a que esta casa gobierna nuestra vida doméstica, nuestras raíces y nuestro sentido de pertenencia. La cúspide de la cuarta casa (la línea que divide la cuarta casa y la tercera casa) representa nuestra infancia, y las plantas de esta casa representan a nuestros padres y abuelos. La cuarta casa también se asocia con el elemento agua, que simboliza la emoción, la intuición y la creatividad.

Cuando equilibramos las energías de la cuarta casa, creamos una base de apoyo para nosotros mismos y nuestros seres queridos. Sentimos una sensación de estabilidad y seguridad y nos expresamos más libremente. Nuestra conexión con nuestras raíces se fortalece y nutrimos nuestras relaciones con los demás de manera más efectiva. La cuarta casa es un recordatorio de que nuestra familia y nuestro hogar son nuestros refugios del mundo exterior y que deben ser tratados con mucho cuidado.

La quinta casa: la casa de la creatividad

La quinta casa es la casa de la creatividad, que pertenece a todas las formas de autoexpresión. Esto incluye arte, música, escritura y otras actividades que nos permiten compartir nuestros talentos con el mundo. La quinta casa simboliza a los niños y está asociada con el embarazo y el parto. En un sentido más general, la quinta casa representa todas las formas de placer y disfrute. Está vinculado a experiencias alegres como vacaciones, fiestas y cualquier otra forma de entretenimiento.

Cuando los planetas están ubicados en la quinta casa, producen energías creativas que pueden usarse de manera constructiva. Sin embargo, si los planetas están en posiciones difíciles, pueden crear dificultades con la autoexpresión o causar problemas con la fertilidad. En general, la quinta casa es un lugar de diversión y creatividad, y nos recuerda disfrutar de las cosas buenas de la vida.

La sexta casa: la casa de la salud y el trabajo

La sexta casa está asociada con la salud y el trabajo. Se cree que Mercurio gobierna esta casa y que Virgo es especialmente relevante. Las personas con una fuerte influencia de la sexta casa suelen ser grandes trabajadores que se enorgullecen de sus logros. Suelen tener una buena organización y preocuparse por cada detalle, pero también pueden ser demasiado perfeccionistas o críticos.

La salud también es importante para las personas con una fuerte influencia de la sexta casa. Pueden estar interesados en la nutrición y el acondicionamiento físico o vivir preocupados por mantener un estilo de vida saludable. Sin embargo, también pueden vivir preocupados y estresados, lo que puede afectar su bienestar físico. En última instancia, la sexta casa es un campo de energía complejo e intrigante que arroja luz sobre muchos aspectos de nuestras vidas.

La séptima casa: la casa del equilibrio

En astrología, la séptima casa está asociada con el equilibrio. Esta es la casa de las relaciones, y es a través de nuestras relaciones que aprendemos a encontrar el equilibrio en nuestras vidas. La energía de la séptima casa nos ayuda a ver ambos lados de cada situación y a encontrar un punto medio entre nuestras propias necesidades y las de los demás. También es la casa del compromiso, enseñándonos que a veces tenemos que renunciar a algo para ganar algo más.

En resumen, la séptima casa nos ayuda a crear armonía en nuestras vidas. Cuando esta casa es fuerte en nuestra carta natal, podemos construir relaciones satisfactorias y buenos vínculos de apoyo. También somos buenos para encontrar soluciones beneficiosas para todos en cada conflicto.

Si esta casa es débil dentro de nuestra carta, podemos tener dificultades para ver ambos lados de un problema, o puede que nos resulte difícil dejar de lado nuestras propias necesidades para satisfacer las necesidades de los demás. También podemos tener dificultades para hacer compromisos. Sin embargo, al trabajar con la energía de la séptima casa, podemos aprender a encontrar el equilibrio en nuestras vidas.

La octava casa: la casa de la transformación

La octava casa es conocida como la casa de la transformación. Esta es la casa de la muerte y el renacimiento, y está asociada con el planeta Plutón. La octava casa es un lugar de poder, y es a través de esta casa que aprendemos a transformar nuestras vidas. Esta casa nos enseña que el cambio es una parte esencial de la vida y que debemos aprender a dejar ir el pasado para seguir adelante.

La octava casa también está vinculada al sexo, y a través de esta casa, podemos aprender a crear nueva vida. Esta casa tiene que ver con la pasión y la intimidad, y nos recuerda que el sexo es un acto sagrado de la creación. En última instancia, la octava casa es un lugar de gran poder, y nos enseña que el cambio es una parte esencial de la vida. Si podemos aprender a abrazar la energía de esta casa, podemos transformar nuestras vidas de maneras profundas y maravillosas.

La novena casa: la casa de la educación superior

La novena casa está asociada con la enseñanza superior, y aquellos que tienen planetas en esta casa a menudo se sienten atraídos por campos de estudio que requieren una comprensión y concentración profundas. Esto puede incluir materias académicas como filosofía, religión o derecho. Pero también abarca actividades más creativas como la literatura, la poesía y el arte.

Aquellos con planetas en la novena casa a menudo tienen una profunda necesidad de explorar las grandes preguntas de la vida, y pueden pasar horas y horas dentro de sus pensamientos o absortos en la contemplación. Para el mundo exterior, pueden parecer distantes o incluso arrogantes, pero esta es simplemente su forma de procesar la información que reciben. Están constantemente buscando conocimiento, y sus mentes siempre están zumbando con nuevas ideas.

La décima casa: la casa de la carrera

La décima casa comúnmente se conoce como la casa del carrera. Esto se debe a que está asociada con los logros profesionales, la reputación y el estatus público. En una carta natal, la casa 10 se encuentra en el Medio Cielo, que es el punto más alto en el cielo. Esta posición simboliza nuestras aspiraciones más altas.

Los planetas y signos que ocupan la décima casa revelan cómo lograremos nuestros objetivos y qué tipo de éxito experimentaremos. Por ejemplo, un planeta en la casa 10 puede indicar que lograremos nuestros objetivos a través de nuestro trabajo duro y perseverancia. Otro planeta puede sugerir que recibiremos ayuda de personas influyentes o que tendremos un talento natural para una profesión en particular.

Independientemente de los planetas involucrados, la casa 10 siempre representa nuestro impulso para lograr el éxito en el ojo público. A través de esta casa, aprendemos a ocupar nuestro lugar en el mundo y dejar nuestra huella en la sociedad.

La undécima casa: la casa de las amistades

En astrología, la casa 11 es la "casa de las amistades". Representa nuestro círculo social y las relaciones que tenemos con los demás. Esta casa es todo acerca de la conexión y la comunidad. A menudo pensamos en nuestros amigos como familia, y esta casa refleja precisamente eso. Nos recuerda que somos parte de una comunidad más grande y que necesitamos nutrir nuestras amistades.

La casa 11 también representa nuestras esperanzas y sueños. Esta es la casa de nuestros deseos y aspiraciones. Todos tenemos una visión para nuestro futuro, y la casa 11 nos recuerda que debemos perseguir esos sueños. Cuando alineamos nuestras acciones con nuestras intenciones, podemos hacer cambios poderosos en nuestras vidas. Entonces, la próxima vez que se sienta solo, recuerda que tiene toda una comunidad de amigos esperándolo en la casa 11.

La duodécima casa: la casa del inconsciente

La casa 12 a menudo se conoce como la "casa del inconsciente". Esto se debe a que representa las partes de nosotros mismos de las que generalmente no somos conscientes. Esto incluye nuestros miedos ocultos, deseos y motivaciones. La casa 12 también representa nuestro karma y vidas pasadas. Esta es la razón por la que a veces se le llama la "casa de la autodestrucción".

El lado positivo de la casa 12 es que puede ayudarnos a entendernos a nosotros mismos en un nivel más profundo. Al explorar nuestras sombras, podemos aprender a aceptarnos y perdonarnos a nosotros mismos. También podemos obtener información sobre nuestras vidas pasadas y cómo están influyendo en nuestra situación actual. Sin embargo, la casa 12 también puede ser un lugar difícil en donde deberemos enfrentar nuestros demonios. Es importante acercarse a esta casa con cautela y perspicacia, o podemos perdernos en sus profundidades.

Casas geománticas extra

Además de las 12 casas astrológicas, también hay tres casas geománticas. Estas son las casas de "los Dos Testigos" y "el Juez". Estas casas se utilizan para comprender mejor el gráfico en su conjunto. Los dos testigos representan las fuerzas opuestas dentro de la carta, mientras que el juez representa el resultado.

Los dos testigos

Los dos testigos son tradicionalmente representados por el Sol y la Luna. Representan las dos fuerzas opuestas dentro de la carta. El Sol representa nuestra mente consciente, mientras que la Luna representa nuestra mente inconsciente. Estas dos fuerzas siempre están en conflicto entre sí. El Sol quiere que tomemos medidas y persigamos nuestros objetivos, mientras que la Luna quiere que nos mantengamos seguros y cómodos. Este conflicto es lo que nos hace humanos.

El primer Testigo: la casa del principio

El primer Testigo está asociado con los comienzos, y es una parte importante de cualquier lectura geomántica. Esta casa representa todo lo que es nuevo, fresco y emocionante. Es un tiempo de potencial y posibilidad donde todo parece posible. El Primer testigo nos anima a tomar riesgos y aventurarnos en lo desconocido. Es un momento de exploración y aventura. Estamos abiertos a cualquier experiencia.

Esta casa nos recuerda que cada viaje comienza con un primer paso y que incluso el acto más pequeño puede tener grandes significados. Por lo tanto, en lo que sea que se esté embarcando, recuerde que el primer Testigo está con usted, instándole a dar ese primer paso hacia lo desconocido.

El segundo Testigo: la casa del progreso

El segundo Testigo está asociado con el progreso y el impulso hacia adelante. Esta casa representa nuestra capacidad para avanzar en la vida hacia nuestros objetivos. Es un momento de crecimiento y expansión donde ampliamos nuestros horizontes. El segundo Testigo nos recuerda que incluso cuando las cosas son difíciles, siempre podemos encontrar una manera de avanzar. Esta casa es un recordatorio de que nunca estamos atrapados en un solo lugar y que siempre hay espacio para el crecimiento.

Esta casa es un recordatorio de que incluso cuando nos sentimos perdidos, siempre podemos encontrar nuestro camino de nuevo. Si se siente perdido, recuerde que el Segundo testigo está con usted, instándole a seguir adelante.

El Juez: la casa de la conclusión

El Juez está asociado con la conclusión y la resolución. Esta casa representa nuestra capacidad de poner fin a las cosas. Es un tiempo de finales y cierres donde podemos dejar ir el pasado. El Juez nos recuerda que, aunque las cosas terminen, siempre hay algo nuevo esperándonos a la vuelta de la esquina. Esta casa sirve como un recordatorio de que incluso cuando las cosas parecen oscuras, siempre hay una luz al final del túnel. Entonces, si se siente deprimido, recuerde que el Juez está con usted, instándolo a seguir adelante.

Las casas geománticas son una parte fundamental de cualquier lectura geomántica. Proporcionan información sobre las diversas fuerzas que interactúan dentro de la carta. Al comprender estas casas, podemos obtener una mejor comprensión de nuestras propias vidas y del mundo que nos rodea.

Las casas están divididas en 12 casas astrológicas y tres casas geománticas adicionales. Las casas se clasifican en tres grupos, las casas angulares, las casas sucesivas y las casas cadentes. Las casas angulares son las casas 1, 4, 7 y 10. Las casas sucesivas son las casas 2, 5, 8 y 11. Las casas cadentes son las casas 3, 6, 9 y 12.

Las casas astrológicas representan las diversas áreas de nuestras vidas, mientras que las casas geománticas adicionales representan las fuerzas opuestas dentro de la carta y su resultado. Las casas son un recordatorio de que estamos constantemente avanzando y que siempre hay espacio para el crecimiento. Entonces, pase lo que pase, recuerde que las casas están con usted, instándole a seguir adelante.

Capítulo 5: Prepare su mente

Para interpretar los mensajes que llegan a usted a través de la geomancia, es crucial tener una mente clara. Los símbolos que aparecen en una lectura geomántica pueden tener varias interpretaciones y es importante verlos claramente para encontrar el significado más relevante para usted.

Es importante tener la mente despejada
https://pixabay.com/es/photos/hombre-ma%c3%b1ana-amanecer-sentado-2264051/

Si su mente está llena de preocupaciones o distracciones, será difícil encontrar la claridad que necesita. Para sacar el máximo provecho de una lectura geomántica, tómese un tiempo para despejar su mente y concentrarse en lo que espera aprender. De esta manera, se estará preparando para una interpretación exitosa.

Este capítulo le dará algunas ideas y consejos sobre cómo prepararse de antemano para aprovechar al máximo sus lecturas.

Preparación para la geomancia

Hay muchas maneras diferentes de prepararse para una sesión de geomancia, pero lo más importante es asegurarse de que esté cómodo y relajado. Puede sentarse o acostarse en un lugar tranquilo donde no lo molesten. También puede pasar unos minutos meditando o haciendo algún otro ejercicio de relajación para despejar su mente.

Una vez que esté listo, puede comenzar a concentrarse en su respiración y en la energía de la tierra. Permítase hundirse y ser uno con la energía de la tierra. Una vez que se sienta conectado, puede comenzar a explorar las diferentes formas en que puede usar esta energía para mejorar su vida.

Aquí hay algunos pasos que puede seguir para prepararse para una sesión de geomancia:

1. Despeje su mente

El primer paso es despejar su mente. Con el tiempo, nuestra mente subconsciente se vuelve un gran desorden mental. Tómese unos minutos para ordenar su mente antes de comenzar una sesión de geomancia. Puede hacer esto enfocándose en su respiración y observando cada pensamiento que viene a su mente sin juzgar. Una vez que haya tomado conciencia de sus pensamientos, puede soltar aquellos que ya no le sirven.

Cargar con su pasado solo hará que sea difícil avanzar. Tómese un tiempo para liberar cualquier pensamiento o emoción con la que aún no haya lidiado. Si necesita ayuda, hay muchos recursos disponibles para despejar su mente. No deje este paso para último momento. Alcanzar un estado de claridad mental puede tomarle algo de tiempo.

2. Conecte con la Tierra

Es importante establecer primero una conexión con la Tierra para prepararse para una lectura geomántica. Esto se puede hacer de muchas maneras, pero un método simple es sentarse o pararse descalzo en el suelo durante unos minutos. A medida que se concentre en su respiración, sienta la energía de la Tierra entrando en su cuerpo a través de sus pies. Coloque sus manos directamente en el suelo o sostenga un trozo de cristal en bruto en cada mano.

Hay muchas maneras diferentes de trabajar con elementos naturales para prepararse para una lectura de geomancia. Un método simple es pasar tiempo al aire libre en la naturaleza, prestando atención a los patrones que lo rodean. Observe las hojas en el viento, las ramas creciendo en los árboles y el agua fluyendo en un río. Estos patrones pueden ofrecer orientación y una visión de su vida.

Una vez que se sienta conectado con la Tierra, puede comenzar a calmar su mente y abrirse para recibir orientación del mundo natural que lo rodea. Confíe en que las respuestas que busca se le revelarán a través de los patrones de las rocas, los árboles y otros elementos de la naturaleza. También es posible que desee pedir ayuda a la Tierra para comprender los mensajes que recibe.

3. Desarrolle su intuición

Los geománticos trabajan con la Tierra para conectarse con su espíritu y lograr un cambio positivo. Para convertirse en un geomántico es esencial desarrollar su intuición. La intuición es una forma de conocer las cosas que va más allá de los cinco sentidos. Es una forma de acceder al conocimiento que no está disponible a través del razonamiento lógico.

Hay muchas maneras diferentes de desarrollar su intuición. Un método simple es pasar tiempo todos los días practicando la meditación o la atención plena. A medida que se concentre en su respiración y aquiete su mente, comenzará a notar los pensamientos y sentimientos sutiles que surgen. Con la práctica, será capaz de aquietar su mente y concentrarse más fácilmente en su intuición.

Para desarrollar su intuición, comience por pasar tiempo en la naturaleza. Conéctese con la tierra bajo sus pies y preste atención a la voz que guía su corazón. También puede ser útil trabajar con un mentor que lo ayude a perfeccionar sus habilidades. Con la práctica, desarrollará la capacidad de leer la energía de la tierra y aprenderá a usarla para lograr un cambio positivo.

También puede desarrollar su intuición prestando atención a sus sueños. Mantenga un diario de sueños y escriba los detalles de sus sueños tan pronto como se despierte. Con el tiempo, comenzará a notar patrones y símbolos con un significado concreto. Estos patrones pueden ofrecer orientación y una visión de su vida.

4. Protéjase espiritualmente

Cualquier persona interesada en la búsqueda de lecturas geománticas debe tomar un tiempo para prepararse espiritualmente. Esto significa crear un espacio seguro donde pueda concentrarse en su lectura sin distracciones externas. También significa ser consciente de su energía y cómo puede afectar a la lectura.

Una manera sencilla de protegerse espiritualmente es crear un altar. Un altar puede ser tan simple o elaborado como lo desee. Puede ser un espacio en su hogar o una caja portátil que lleve consigo cuando viaje. Llene su altar con elementos que representen su intención para la lectura. Puede incluir cristales, hierbas, fotos o símbolos que tengan un significado para usted.

Otra forma de protegerse espiritualmente es limpiar su energía antes de comenzar. Esto se puede hacer con un baño de sal, sahumando salvia, o mediante el uso de cualquier otro método que le guste. Lo importante es limpiar su espacio y limpiarse a sí mismo para acercarse a la lectura con una mente clara.

También puede meditar o hacer otro tipo de ejercicio de relajación para despejar su mente y abrirse a la experiencia. Y, por último, es importante establecer una intención para la lectura. ¿Qué espera aprender? ¿Qué tipo de orientación busca? Al preparar su mente y emociones, podrá aprovechar al máximo su lectura geomántica.

5. Haga ejercicios diarios

Puede hacer algunos ejercicios todos los días para acelerar su experiencia de convertirse em geomántico. Al tomar tiempo cada día para concentrarse en su respiración y conectarse con su cuerpo, comenzará a desarrollar una comprensión más profunda de su campo de energía. Esto será útil cuando llegue el momento de leer la energía de un espacio o persona.

Los ejercicios diarios lo ayudarán a anclarse y centrarse, facilitando la recepción de información clara durante las lecturas. También lo protegerán de influencias externas que puedan interrumpir su lectura. Asegúrese de reservar un poco de tiempo cada día para centrarse en su práctica. Si no está seguro de por dónde empezar, hay muchos recursos disponibles en internet o en su biblioteca local.

6. Note patrones recurrentes

A medida que trabaje con la geomancia, comenzará a notar patrones a su alrededor. Es vital estar en sintonía con los patrones recurrentes tanto en el mundo físico como en el abstracto. Al hacer esto, podrá encontrar fácilmente los símbolos que le darán información sobre el problema en cuestión.

Para empezar, tómese un tiempo cada día para notar los patrones que lo rodean, tanto en su entorno inmediato como en el mundo en general. Preste atención a cómo la luz cae sobre los objetos, cómo se proyectan las sombras y cómo las personas y los animales se mueven en el espacio. A medida que se sintonice más con estos patrones, comenzará a verlos en todas partes, proporcionándole una gran cantidad de información para trabajar durante sus lecturas.

Realice ejercicios de meditación

La meditación juega un papel importante dentro de la geomancia. A través de la meditación, desarrollará una comprensión más profunda de su energía y de su interacción con el mundo. Hay muchas maneras diferentes de meditar, encuentre el método que más le funcione. Aquí hay algunos ejercicios básicos para comenzar.

1. Meditación de conexión a tierra

Esta meditación está diseñada para ayudarlo a conectar con la tierra y anclar su energía. Es un ejercicio simple que se puede hacer en cualquier lugar y en cualquier momento. Primero debemos usar la meditación para anclarnos y leer la energía de la tierra. Esto nos ayudará a aclarar nuestras mentes y abrir nuestros corazones a la sabiduría de la tierra.

Para empezar, encuentre un lugar cómodo para sentarse o acostarse. Cierre los ojos y respire hondo. Imagine raíces creciendo desde sus pies, conectándolo con el centro de la tierra. Sienta la energía de la tierra entrando en su cuerpo, llenándolo de fuerza y arraigándolo en su poder. Permítase estar quieto, en paz y receptivo a la voz de la tierra. Cuando esté listo, abra los ojos y comience con la lectura.

2. Meditación intuitiva

Esta meditación está diseñada para ayudarlo a conectar con su intuición y el mundo invisible. Le permitirá acceder al conocimiento y la orientación disponibles para usted. El ejercicio es simple, pero puede llevarle algún tiempo dominarlo. Sea paciente y confíe en que recibirá la información que necesita.

Busque un lugar cómodo para sentarse o acostarse. Cierre los ojos y respire hondo. Imagínese rodeado de una luz blanca y brillante. Esta luz está llena de sabiduría y conocimiento y está aquí para guiarlo. Relájese y deje que la luz lo guíe. Cuando esté listo, abra los ojos y comience con la lectura.

3. Visualización

Uno de los pasos más importantes en la preparación para las lecturas geománticas es aprender a visualizar. Esta habilidad es esencial para leer los patrones formados por las líneas y formas en la arena. La capacidad de ver claramente estos patrones le permitirá interpretarlos más fácilmente y hacer lecturas más precisas. Con la práctica, se convertirá en algo natural, y será capaz de hacerlo sin siquiera pensar.

Para desarrollar sus habilidades de visualización, busque un lugar tranquilo donde pueda sentarse o acostarse cómodamente. Cierre los ojos y respire hondo. Comience a imaginar las líneas y formas en su mente. A medida que se sienta más cómodo con la visualización, podrá ver los patrones claramente. Con la práctica, podrá interpretar el significado de estos patrones y usarlos para hacer predicciones.

4. Mantras

Los mantras son sílabas sagradas o frases utilizadas como herramienta para la meditación. Cuando se recitan correctamente, los mantras pueden ayudar a enfocar la mente y promover sentimientos de paz y bienestar. Para aquellos que son nuevos en la meditación con mantras, encontrar uno que realmente resuene con usted puede ser útil. Una vez que haya elegido un mantra, es importante recitarlo correctamente.

Se dice que la pronunciación correcta de los mantras es esencial para desbloquear su poder. Existen muchas grabaciones de mantras que pueden ser útiles para aprenderlos con facilidad y precisión. Además de la pronunciación correcta, también es importante recitarlos con intención. Repita su mantra lenta y conscientemente, dejando que el sonido lo inunde y lo llene de energía positiva. Con la práctica regular, entenderá mejor el papel de los mantras en las lecturas geománticas.

5. Mudras

Los mudras son una parte importante de las lecturas geománticas. Son gestos utilizados para canalizar la energía y enfocar la mente. Hay muchos mudras diferentes, y cada uno tiene su significado y propósito. Es importante aprender sobre los diferentes mudras y cómo usarlos antes de una lectura geomántica.

El primer paso es encontrar una posición cómoda. Siéntese con la columna recta y las piernas cruzadas. Coloque las manos sobre las rodillas, palma arriba. Tome algunas respiraciones profundas y cierre los ojos. Una vez que se haya acomodado, comience por mantener el mudra para concentrarse. Coloque el pulgar y el índice juntos y extienda los otros dedos. Sostenga este mudra frente a su tercer ojo, sobre su nariz. Concéntrese en su respiración y permita que su mente se calme.

Una vez que haya alcanzado esa paz interior, puede comenzar la lectura. Recuerde mantener su mente enfocada y permanezca abierto a recibir la orientación del universo. Los mudras lo ayudarán a conectarse con la energía a su alrededor y recibir información precisa.

6. Afirmaciones

Para que sus lecturas sean más precisas, es crucial estar preparado mental y emocionalmente. Puede hacer esto mediante el uso de afirmaciones. Una afirmación es una oración positiva que se repite a sí mismo para programar su mente. Por ejemplo, podría decir: "Estoy abierto a toda la visión y orientación que el Universo tiene para ofrecerme".

Al afirmar su intención de recibir orientación, se está abriendo a la posibilidad de tener una lectura exitosa. Otra afirmación que puede usar es "Estoy dispuesto a liberar todos los miedos y dudas que me están frenando". Esta afirmación despejará su mente y le permitirá recibir mejor todos los mensajes.

Repetir estas afirmaciones (u otras similares) antes de su lectura le ayudará a asegurarse de tener la mentalidad correcta para recibir orientación precisa y útil. Cuanto mejor preparado esté, más precisa será su lectura.

7. Cristales y piedras

Si está interesado en hacer una lectura geomántica, hay algunas cosas que puede hacer para prepararse. Una de las cosas más importantes es elegir los cristales y piedras correctos. Cada tipo de cristal tiene sus propiedades y energías únicas, por lo que es importante elegir los que contribuyan a su situación específica.

Por ejemplo, si está buscando orientación en su carrera profesional, puede elegir cristales como citrino o cornalina. Si espera mejorar su salud, puede elegir cristales como la amatista o el jade. Y si está buscando protección contra la energía negativa, puede elegir cristales como la turmalina negra o la obsidiana.

Al elegir los cristales correctos, puede asegurarse de que su lectura sea precisa. El uso de cristales y piedras es una forma poderosa de conectarse con las energías de la tierra y recibir orientación del universo.

8. Velas

Otra forma de prepararse para una lectura geomántica es usar velas. Las velas se utilizan a menudo en las lecturas, ya que pueden crear un ambiente tranquilo y relajante. También pueden enfocar su mente y conectarlo con las energías del universo.

Al elegir velas para su lectura, es importante elegir aquellas hechas de materiales naturales como la cera de abeja o soja. También debe elegir velas que estén perfumadas con aceites esenciales, ya que pueden mejorar su estado de ánimo y concentración. Si no está seguro de qué velas elegir, puede pedirle orientación a su geomántico.

El uso de velas es una forma simple pero efectiva de prepararse para una lectura geomántica. Al elegir las velas adecuadas, puede garantizar la precisión de su lectura.

9. Sahumo

Sahumar es otra forma de prepararse para una lectura geomántica. Sahumar es la práctica de quemar hierbas y usar el humo para limpiar y purificar su espacio. Generalmente se hace con un ramo de salvia seca, pero también se pueden usar otras hierbas. Puede usar un difusor de aceites esenciales o quemar velas perfumadas con aceites de eucalipto o limón.

Muchas personas consideran que sahumar ayuda a crear un ambiente más pacífico y relajante. Es una forma poderosa de limpiar su espacio y prepararse para una lectura. Ayuda a eliminar cualquier energía negativa que pueda estar presente, y también ayuda a enfocar su mente y conectarse con las energías del universo.

Sahumar es una forma simple pero efectiva de prepararse para una lectura geomántica. Tomarse el tiempo para sahumar su espacio puede garantizar que su lectura sea más precisa.

10. Ritual de protección

Antes de su lectura, es importante también hacer un ritual de protección. Esto lo protegerá de cualquier energía negativa que pueda estar presente. Es crucial crear un espacio que sea sagrado y seguro. Hay muchas maneras diferentes de hacer esto, pero un método simple es limpiar el espacio con humo de salvia. También puede utilizar cristales u otros objetos para crear un círculo de protección.

Una vez que su espacio esté listo, puede comenzar la lectura. Es importante relajarse y despejar su mente para recibir los mensajes del universo. Confíe en su intuición y permita que los símbolos lo guíen. Con la preparación y la mente abierta, será capaz de recibir la orientación que necesita del mundo natural.

Preparar su mente es esencial para recibir orientación precisa y útil. Aclarar su mente y abrirse a los mensajes del universo asegurará que su lectura sea correcta.

Hay muchas maneras diferentes de prepararse para una lectura, pero algunos métodos simples incluyen salir a la naturaleza, meditar, hacer ejercicios diarios, notar patrones recurrentes, protegerse espiritualmente y usar velas, cristales y sahumos.

Este capítulo le ha dado algunas ideas y consejos sobre cómo prepararse de antemano. Los ejercicios de meditación y los rituales de protección al final de este capítulo también serán de ayuda. Recuerde, lo más importante es relajarse y confiar en su intuición. Con la preparación y la mente abierta, será capaz de recibir la orientación que necesita del mundo natural.

Capítulo 6: Diseño de puntos

Hacer una lectura geomántica es muy parecido a leer hojas de té. La geomancia utiliza marcas en el polvo (líneas, huecos y puntos) para crear figuras que luego podrá interpretar. El primer paso para una lectura geomántica es diseñar los puntos. Se puede hacer de varias maneras: diseñar líneas al azar, lanzar dados o monedas o usar tarjetas de geomancia.

Como las líneas, los huecos y los puntos se colocan al azar, puede usar cualquier método. Si bien hay muchas maneras de diseñar los puntos, es vital personalizar el proceso de acuerdo con sus propias creencias. Este capítulo explorará los diversos métodos a utilizar y algunas cosas que se deben y no se deben tener en cuenta.

El primer paso: diseñar los puntos

El proceso de diseño de puntos está destinado a crear figuras aleatorias que luego puedan ser interpretadas. En algunos casos, pueden leerse directamente los puntos, mientras que en otros casos, pueden usarse para crear figuras geománticas más complejas. Aunque la interpretación de las figuras geománticas puede ser compleja, el proceso de diseño de puntos es relativamente simple y cualquier persona con un poco de práctica puede realizarlo.

El primer paso es elegir un método. Se puede hacer de varias maneras: diseñar líneas al azar, lanzar dados o monedas o usar tarjetas de geomancia. Una vez que haya elegido un método, puede diseñar los puntos siguiendo las instrucciones para ese método en particular.

Ya sea que esté buscando orientación sobre un tema personal o asesoramiento sobre una decisión importante en su vida, ninguna pregunta es más o menos importante. El único límite es su imaginación.

Métodos para el diseño de puntos

Hay una variedad de métodos que se pueden utilizar. Algunos son más complejos que otros, pero todos sirven para crear figuras aleatorias que luego podamos interpretar.

1. Dibujo aleatorio de líneas

Uno de los métodos más simples es dibujar líneas de manera aleatoria. Este método consiste en dibujar una serie de líneas y puntos en un pedazo de papel u otra superficie. Las líneas y puntos se pueden dibujar en cualquier orden y con el espacio que deseemos entre ellos. Una vez que las líneas y puntos estén dibujados, puede interpretar.

Cuando utilice este método, asegúrese de que las líneas y los puntos se diseñen al azar. Para personalizar este método, puede usar una palabra o frase generada aleatoriamente como guía para saber dónde colocar las líneas y los puntos.

2. Lanzamiento de dados

También puede usar dados para diseñar los puntos. Tire un par de dados y use los números que obtenga para determinar dónde colocar las líneas y puntos. Se puede hacer con dos dados de seis caras o con cuatro dados geománticos especiales.

El lanzamiento de dados es un método común
https://pixabay.com/es/photos/costa-rica-dado-dice-dados-dices-4979191/

El color de los dados también puede agregar significado a las figuras. Los dados blancos representan la pureza, mientras que los dados negros representan la oscuridad. Los dados rojos representan la pasión, mientras que los dados azules representan la calma. Los dados verdes representan el crecimiento, mientras que los dados amarillos representan la sabiduría.

Para empezar, los dados se lanzan sobre una superficie plana. Los puntos en los dados representan los elementos de fuego, agua, aire y tierra. El total de los puntos determina qué elemento se está representando. Por ejemplo, si el total es 12, entonces el elemento sería fuego. Una vez determinado el elemento, puede ingresarlo en el gráfico.

Los números en los dados se pueden interpretar de varias maneras, pero un método común es usarlos como coordenadas. El primer número obtenido corresponde a la coordenada x, y el segundo corresponde a la coordenada y. Este método es rápido y fácil.

3. Lanzamiento de monedas

Lanzar monedas es otro método útil
https://unsplash.com/photos/b4D7FKAghoE?utm_source=unsplash&utm_medium=referral&utm_content=creditShareLink

Lanzar monedas es otro método popular para diseñar los puntos. Puede usar una moneda normal o una moneda geomántica especial. Una vez que tenga su moneda, tendrá que decidir cuántos puntos desea diseñar. Cada punto representa un aspecto diferente de su pregunta, y cuantos más puntos diseñe, más detallada será su lectura.

Para diseñar sus puntos, simplemente lance su moneda al suelo y observe de qué manera cae. La cara de la moneda se considera positiva, mientras que la cruz se considera negativa. Puede interpretar los resultados de varias maneras, pero un método común es usar las posiciones de las monedas para crear una figura geomántica. Esta figura puede ser interpretada por su significado.

4. Uso de cartas geománticas

Las cartas geománticas son una baraja de cartas utilizada especialmente para la adivinación. Cada carta en el mazo representa un elemento diferente. Puede usar el mazo para el diseño de puntos. Para usar las cartas geománticas, simplemente baraje el mazo y coloque las cartas en fila. El número de cartas en su diseño dependerá de la cantidad de puntos que desee diseñar.

Una vez que las cartas estén barajadas, interprete su significado basado en los significados tradicionales de los elementos. Por ejemplo, el fuego se asocia con la pasión, mientras que el agua se asocia con las emociones. Use las posiciones de las cartas para crear una figura geomántica y luego interprete la figura por su significado.

Puede utilizar los imprimibles al final de este libro para crear sus tarjetas geománticas. Simplemente imprima las hojas, recorte las cartas y luego barájelas.

5. Diseño de puntos con péndulo

También se puede usar un péndulo para el diseño de puntos. Este método implica sostener un péndulo sobre un pedazo de papel u otra superficie y permitir que se balancee libremente. Este método es rápido y fácil, y cualquiera puede aprender a usarlo. El único inconveniente es que puede ser difícil interpretar los resultados. Puede usar varios péndulos, pero lo más común es el péndulo de cristal de cuarzo.

Para usar este método, simplemente sostenga el péndulo sobre el papel o la superficie que haya elegido. El péndulo oscilará en varias direcciones. Tome nota de la dirección en la que se balancea y el número de veces que se balancea. Esto le dará las coordenadas de dónde colocar las líneas y puntos. Una vez que tenga las coordenadas, puede interpretar la figura.

6. Diseño de puntos con tazón de agua

Una forma tradicional para el diseño de puntos es usando un recipiente con agua. El recipiente se llena con agua y se coloca sobre una mesa u otra superficie plana. El consultante luego remueve el agua con el dedo mientras se concentra en su pregunta. Después de un minuto más o menos de remover el agua, se quita el dedo y se observa el patrón creado por las ondulaciones.

La interpretación del patrón se basa en las formas específicas que se forman y el equilibrio general del espacio positivo y negativo. El espacio alrededor del dedo del consultante se considera positivo, mientras que el espacio más alejado se considera negativo.

Si hay más espacio positivo, entonces la lectura se considera favorable. Sin embargo, la lectura se interpreta como desfavorable si hay más espacio negativo cubriendo la taza. Este método es rápido y fácil, y cualquiera puede aprender a usarlo.

7. Diseño de puntos con una llama

Otro método tradicional para diseñar los puntos es usar fuego. Este método consiste en encender una vela y luego dejar que la cera gotee sobre un recipiente con agua. Mientras la cera se derrite, el consultante se concentra en su pregunta. Una vez que la cera se ha derretido, el consultante mira el patrón que se forma e interpreta su significado.

Este método es similar al método del agua, pero utiliza una vela. La interpretación se basa en los mismos principios, pero el fuego puede agregar significado. Por ejemplo, el fuego se asocia con la pasión, por lo que una lectura que presenta una gran cantidad de energía de fuego puede interpretarse como apasionada o intensa.

Las formas formadas por la cera también pueden interpretarse individualmente. Por ejemplo, una forma de corazón puede representar el amor, mientras que una forma en espiral puede representar la transformación. Si está utilizando este método, es crucial estar familiarizado con los significados tradicionales de las formas.

8. Diseño de puntos con piedras

Para diseñar los puntos también puede usar piedras. Este método consiste en colocar una piedra en cada una de las figuras geománticas. El consultante se concentra en su pregunta mientras sostiene las piedras. El consultante puede interpretar la figura basándose en las posiciones de las piedras. Este método se puede usar con cualquier tipo de piedra, pero las opciones más comunes son cuarzo, amatistas y cuarzo rosa.

Las piedras se pueden colocar en las figuras de varias maneras. El método más común es colocarlas en el centro de cada figura. Sin embargo, también se pueden colocar sobre las líneas que conectan las figuras. La interpretación se basará en las posiciones y energías de las piedras.

Si está utilizando este método, es vital seleccionar piedras que sean energéticamente compatibles con la pregunta que está haciendo. Por ejemplo, si está haciendo una pregunta sobre amor, debe elegir piedras que tengan esa asociación, como el cuarzo rosa o la amatista.

9. Diseño de puntos con palos

Una de las formas más simples y efectivas de diseñar puntos para una lectura es usando palos. Primero, encuentre un lugar despejado en la naturaleza. Luego, recoja un puñado de palitos pequeños y encuentre un lugar cómodo para sentarse. Cierre los ojos y respire hondo, dejando de lado todas sus preocupaciones.

Abra los ojos y, cuando esté listo, lance los palos al suelo. Los patrones pueden interpretarse de acuerdo con los significados geománticos tradicionales. Por ejemplo, una fila de cuatro palos apuntando en la misma dirección puede representar crecimiento o nuevos comienzos.

Este método es ideal para conectarse con la naturaleza y sacarle provecho a su intuición. También es uno de los métodos más fáciles de aprender, ya que no hay necesidad de memorizar formas o símbolos complejos. Al tomarse el tiempo para conectarse con la Tierra a través de la geomancia, puede obtener información valiosa sobre su destino.

10. Diseño de puntos con baraja de cartas

También puede utilizar una baraja regular de cartas. Este complejo método requiere el conocimiento de los significados tradicionales de las figuras geománticas. Hay muchas maneras diferentes de hacer esto, pero una de las más comunes es repartir cuatro cartas para cada figura.

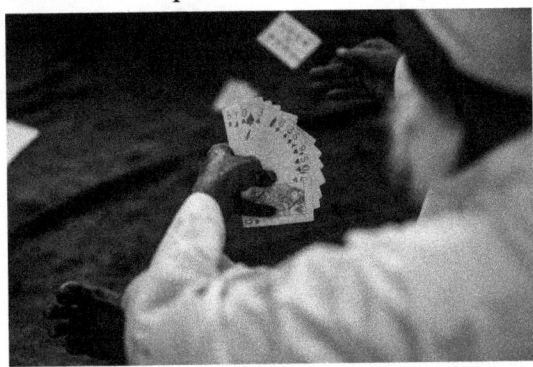

Para los diseños, puede utilizar un conjunto básico de cartas
https://pixabay.com/es/photos/adulto-asia-tarjetas-divertida-3170055/

La posición específica de las cartas determinará el significado de la figura. Por ejemplo, si la primera carta se coloca en el centro de la figura, representará al consultante. Las otras tres cartas representarán las influencias del pasado, presente y futuro.

Para comenzar, baraje el mazo de cartas y luego reparta cuatro cartas boca abajo. Estas cuatro cartas representan las cuatro figuras geománticas. A continuación, reparta cuatro cartas más y colóquelas encima de las cuatro primeras. Luego, reparta cuatro cartas más y colóquelas encima del segundo conjunto. El consultante entonces hace su pregunta.

El paso final es entregar las cartas e interpretar las figuras en función de los significados tradicionales. Este método puede ser bastante complejo, pero se puede usar para cualquier pregunta, especialmente para aquellas relacionadas con el pasado, presente y futuro del consultante. Al comprender las influencias de cada período, el consultante puede obtener información valiosa sobre su destino.

Personalizar el método

Si bien hay muchas maneras de diseñar los puntos, lo importante es encontrar un método que funcione para usted. Si usted es nuevo en la geomancia, lo mejor es comenzar con un método simple y luego desarrollar otros más complejos. Algunos métodos simples incluyen el uso de palos o piedras.

Si desea personalizar el método, puede usar objetos que sean importantes para usted. Por ejemplo, si está haciendo una pregunta sobre su carrera, podría usar monedas o conchas. La clave es elegir objetos con los que se sienta cómodo y que tengan un significado personal.

A medida que se familiarice con la geomancia, puede experimentar con diferentes métodos y técnicas. Puede pasar a métodos más complejos, como el del mazo de cartas. O puede probar diferentes formas de interpretar las figuras. No hay una forma correcta o incorrecta de hacerlo. Es importante encontrar un método que funcione para usted y que se sienta cómodo con su elección.

Qué hacer y qué no hacer a la hora de diseñar puntos

La lectura geomántica es una experiencia personal, por lo que no hay reglas rígidas o rápidas sobre cómo diseñar los puntos. Sin embargo, hay algunas cosas que debe recordar para asegurarse de obtener el máximo provecho de su lectura.

Recomendaciones:
- Encuentre un lugar donde no lo molesten
- Relájese y respire hondo antes de empezar
- Elija un método con el que se sienta cómodo
- Haga una pregunta específica para recibir una respuesta más concreta
- Esté abierto a las respuestas que reciba

Evite lo siguiente
- Apresurarse en el proceso
- Forzar las figuras para que se ajusten a su pregunta
- Tener miedo de hacer preguntas difíciles

Siguiendo estas sencillas pautas, puede asegurarse de obtener el máximo provecho de su lectura geomántica. Le dejamos a continuación algunos consejos adicionales:

A. Hacer la pregunta

El primer paso es hacer una pregunta específica. Cuanto más específica sea la pregunta, más precisa será la respuesta. Asegúrese de que la pregunta sea clara y específica. Esto ayudará a enfocar la lectura y producir resultados más precisos. No sea vago en sus palabras o poco específico. No haga preguntas como "¿Qué me depara el futuro?". Es probable que reciba respuestas muy confusas. *Sea lo más específico posible.*

Finalmente, recuerde que la pregunta debe poder responderse con sí o no. Haga preguntas como "¿Debo mudarme a una nueva ciudad?". Esto será más útil que preguntar: "¿Cuáles son mis opciones?". Siguiendo estas sencillas pautas, puede asegurarse de obtener la lectura más precisa posible de sus puntos geománticos.

B. Evitar ciertos errores

Hay algunos errores comunes que las personas cometen al hacer lecturas geománticas. El primer error es querer apresurar el proceso. Otro error es tratar de forzar las figuras para que se ajusten a su pregunta. Otro es tener miedo de hacer preguntas difíciles. Intente evitar estos errores para asegurarse de obtener la lectura más precisa posible.

Si descubre que está cometiendo estos errores, no se preocupe. Solo de un paso atrás y relájese. Recuerde, no hay prisa. Tómese su tiempo y concéntrese en su pregunta. Luego, deje que las señales lleguen como tengan que llegar. Lo más importante es estar abierto a las respuestas que lleguen.

C. Interpretación de las figuras

Una vez que haya diseñado los puntos, es hora de interpretar las figuras. Existen diferentes maneras de hacerlo. En primer lugar, puede buscar el significado de cada figura en un libro o en internet. En segundo lugar, puede pedirle a otra persona que las interprete por usted. Finalmente, puede interpretar las figuras usted mismo.

Si elige interpretar las figuras usted mismo, hay algunas cosas que debe tener en cuenta. Primero, confíe en su intuición. En segundo lugar, observe el patrón general de las figuras. En tercer lugar, preste atención a cualquier tema recurrente. Siguiendo estas sencillas pautas, puede asegurarse de obtener la lectura más precisa posible.

D. Otros consejos y sugerencias

Aquí hay otros consejos y sugerencias para sus lecturas.

- No tenga miedo de experimentar. No hay una sola manera de hacerlo.
- No tenga miedo de hacer preguntas difíciles. Esté abierto a las respuestas que reciba.
- Confíe en su intuición y mantenga una mente abierta.
- Mantenga un diario de sus lecturas. Esto le ayudará a realizar un seguimiento de su progreso y ver cómo sus habilidades se desarrollan con el tiempo.
- No se tome las lecturas demasiado en serio. Recuerde, son solo una herramienta para ayudarlo a obtener información sobre su vida. No siempre son 100 % precisas.
- La geomancia es una excelente manera de conectarse con su intuición y obtener información sobre su destino. Disfrute del proceso y vea qué ideas puede obtener.

El diseño de puntos es el primer paso en una lectura. Este capítulo recorre los diversos métodos de diseño de puntos y algunos errores comunes. Para los principiantes, se recomienda utilizar los métodos tradicionales con dados de colores, palos o monedas.

Cuando esté seguro de sus habilidades, puede comenzar a experimentar con otros métodos. Es importante ser específico en su pregunta, estar abierto a las respuestas que reciba y evitar apresurarse en el proceso.

Después de diseñar los puntos, podrá interpretar las figuras. Puede pedirle a otra persona que interprete las figuras o interpretarlas usted mismo. El siguiente capítulo hablar de cómo interpretar las figuras con más detalle.

Esto fue una guía completa sobre cómo diseñar los puntos para una lectura de geomancia. Siguiendo estas sencillas pautas, podrá obtener una lectura precisa.

Capítulo 7: Las figuras geománticas

¿Qué significan estas figuras? ¿Existe más de una manera de interpretarlas?

Una vez que haya aprendido a diseñar los puntos y crear las figuras geománticas, deberá entender sus significados. Los símbolos utilizados en la geomancia se basan en ideas antiguas sobre los cuatro elementos, los planetas y el zodíaco.

Cada figura tiene su significado. Al interpretar las diferentes figuras, podrá obtener información sobre su propia vida o situación. Además, puede usar la geomancia para adivinar o predecir el futuro. Puede recibir orientación de las figuras geománticas.

Con la práctica, desarrollará su capacidad para interpretar los símbolos y usarlos para obtener información sobre su destino. Este capítulo proporcionará una introducción a los significados de las figuras geománticas.

Descifrar figuras geománticas

Las figuras geománticas se crean haciendo marcas en la arena o el polvo. El número de marcas y la forma en que están dispuestas tienen significados. Por ejemplo, una figura con cuatro marcas dispuestas en forma de cruz indica que la persona se siente equilibrada y estable. Una figura con ocho marcas dispuestas en un círculo indica que la persona se siente conectada a su entorno.

Podemos aprender mucho sobre la vida interior de los individuos decodificando el significado de estos gráficos. En algunas culturas, las figuras geománticas se utilizan para ayudar a las personas a tomar decisiones sobre su futuro. En otras culturas, se usan como parte de rituales de curación, proporcionando un espacio para que las personas expresen sus miedos y ansiedades. Independientemente de cómo se usen, las figuras geománticas ofrecen una valiosa ventana al alma humana.

Significados

Las figuras geománticas se pueden dividir en dos grupos. El primer grupo incluye las cuatro figuras elementales, que representan lo esencial del asunto. El segundo grupo incluye las doce figuras zodiacales, que representan las energías que dan forma a nuestras vidas.

La geomancia utiliza la disposición de 16 figuras, cada una compuesta de cuatro puntos. De estos, ocho se consideran "positivos" o "activos", y los otros ocho son "negativos" o "pasivos". Las figuras activas son aquellas en las que los puntos primero y tercero están marcados, mientras que las figuras pasivas son aquellas en las que solo los puntos segundo y cuarto están marcados.

Las ocho figuras activas se llaman "masculinas", mientras que las ocho figuras pasivas se llaman "femeninas". Las figuras masculinas representan la energía Yang, mientras que las figuras femeninas representan la energía Yin. Se cree que estas energías están en constante interacción, y la interacción entre ellas crea la armonía del universo.

Conexión entre las figuras

Aquí hay algunas cosas que conectan los cuatro tipos de figuras geománticas:

1. Elementos

Hay cuatro tipos principales de figuras geománticas: agua, fuego, tierra y aire. Cada tipo tiene sus características únicas, pero también tienen algunas cosas en común. Los cuatro tipos de figuras están asociados con un elemento específico. Las figuras de agua están asociadas con el elemento agua, las figuras de fuego con el elemento fuego, las figuras de tierra con el elemento tierra y las figuras de aire con el elemento aire.

2. Signos del zodíaco

Las 12 figuras del zodíaco están asociadas con un signo específico del zodíaco. Los signos de agua están asociados con Cáncer, Piscis y Escorpio. Los signos de fuego están asociados con Aries, Leo y Sagitario. Los signos de tierra están asociados con Tauro, Virgo y Capricornio. Los signos de aire están asociados con Géminis, Libra y Acuario.

3. Planetas

Los cuatro tipos de figuras están conectados a un planeta específico. Las figuras de agua están conectadas al planeta Mercurio, las figuras de fuego están conectadas al planeta Marte, las figuras de tierra están conectadas al planeta Saturno y las figuras de aire están conectadas al planeta Júpiter. La conexión entre los planetas y las figuras geománticas puede ayudarnos a comprender la influencia de estos cuerpos astronómicos en nuestras vidas.

4. Adivinación

Finalmente, los cuatro tipos de figuras tienen un papel específico en la adivinación. Las figuras de agua representan emociones e intuición, las figuras de fuego representan pasión y energía, las figuras de tierra representan estabilidad y estructura, y las figuras de aire representan intelecto y sabiduría. Al comprender esto, puede comenzar a ver cómo cada tipo de figura se relaciona con las demás.

Propiedades de las figuras

Si desea obtener más información sobre las figuras geománticas, es crucial comprender las propiedades de cada tipo. Aquí hay una breve descripción de las propiedades de las figuras geománticas:

1. **Calidad:** una figura puede ser estable o móvil. Una figura estable no cambia, mientras que una figura móvil está en flujo. La estabilidad o movilidad de una figura refleja la calidad de la energía que representa.

2. **Dirección:** una figura puede estar entrando, saliendo, o ambas. Una figura entrante es aquella que se está moviendo hacia algo, mientras que una figura saliente es aquella que se está alejando de algo. La dirección de una figura refleja el flujo de energía que representa.

3. **Humor:** una figura puede ser alegre, colérica, melancólica e impasible. El humor alegre se asocia con emociones positivas

como la felicidad y el optimismo. El humor colérico con emociones negativas como la ira y la frustración. El humor melancólico con la introspección y la contemplación. Y el humor impasible con la apatía y la indiferencia.

4. **Medida de tiempo:** una figura puede asociarse con un momento específico en el tiempo. El tiempo asociado con una figura refleja la duración de la energía que representa. Cuanto más largo sea el marco de tiempo, más significativa será la figura.

5. **Parcialidad:** una figura puede ser parcial o imparcial. Una figura parcial es aquella que se aplica a una situación específica, mientras que una figura imparcial es aquella que se puede aplicar a cualquier situación. La parcialidad de una figura refleja la naturaleza específica de la energía que representa.

Al comprender las propiedades de las figuras geománticas, puede comenzar a ver cómo usarlas en adivinación.

Interpretación de figuras

Ahora que tiene una comprensión básica de las figuras geománticas, es hora de aprender a interpretarlas. Al interpretar las figuras, es crucial tener en cuenta las siguientes pautas:

1. **La posición de la figura en relación con otras:** la posición de una figura puede decir mucho sobre su significado. Por ejemplo, una figura en el centro del gráfico se considera más importante que las de la periferia.

2. **La orientación de la figura:** su orientación también puede ser importante. Una figura erguida se considera más positiva que una invertida.

3. **El tipo de figura:** esto puede ayudar a entender su significado. Por ejemplo, una figura de agua se asocia típicamente con las emociones, mientras que una figura de fuego se asocia típicamente con la pasión.

4. **El planeta asociado con la figura:** el planeta asociado también puede ayudarlo a comprender su significado. Por ejemplo, una figura asociada con el planeta Mercurio se asocia típicamente con la comunicación y el comercio.

Significado general de cada figura

Ahora que sabe cómo interpretar las figuras, es hora de aprender sobre sus significados. Aquí hay una breve descripción del significado general de cada figura:

Tristitia

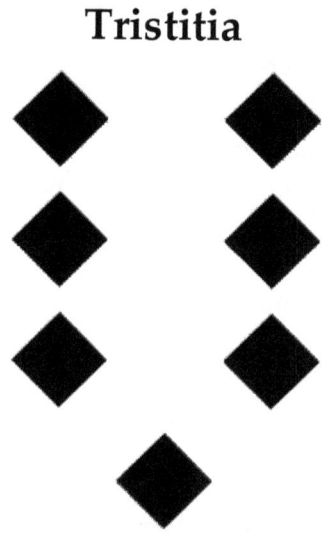

Tristitia
https://commons.wikimedia.org/wiki/File:Geomantic_figures.svg

Traducción: tristeza

Palabras clave: pérdida, duelo, tristeza, depresión

Elemento gobernante: tierra

Planeta regente: Saturno

Signo zodiacal gobernante: Acuario

Calidad: estable

Dirección: entrante

Parcial/Imparcial: parcial

Diurno/Nocturno: diurno

La Tristitia es una figura asociada con la pérdida y el dolor. Puede representar una situación triste o deprimente. También puede indicar un período de transición o cambio. Esta figura se asocia típicamente con el planeta Saturno y el signo de Acuario. La cualidad de Tristitia es estable, lo que representa la constancia de emociones como la tristeza y el dolor.

Su dirección es hacia adentro, lo que significa que se está moviendo hacia algo. Esto podría representar el comienzo de un período de dolor o el comienzo de un nuevo capítulo en la vida. La parcialidad de esta figura indica que solo se aplica a situaciones específicas. Esta figura es diurna, es decir, que está activa durante el día.

Puer

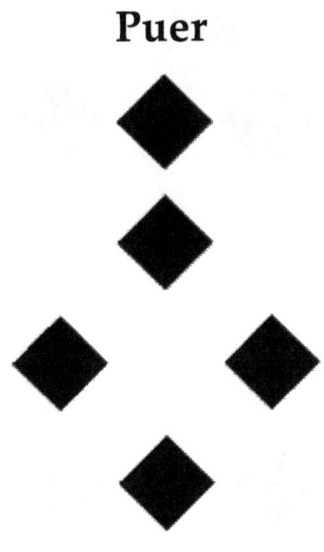

Puer
https://commons.wikimedia.org/wiki/File:Geomantic_figures.svg

Traducción: niño

Palabras clave: juventud, inocencia, comienzos

Elemento gobernante: aire

Planeta regente: Marte

Signo zodiacal gobernante: Aries

Calidad: móvil

Dirección: saliente

Parcial/Imparcial: parcial

Diurno/Nocturno: diurno

Puer es una figura asociada con la juventud y la inocencia. Puede representar el comienzo de un nuevo proyecto o aventura. También puede indicar un momento de crecimiento o expansión. Esta figura se asocia típicamente con el planeta Marte y el signo de Aries. La calidad de Puer es móvil, representa la energía y la actividad durante la juventud.

La dirección de esta figura es saliente, lo que significa que se está alejando de algo. Esto podría representar el final de un proyecto o la finalización de una fase de crecimiento. La parcialidad de esta figura indica que solo se aplica a situaciones específicas. Esta figura es diurna, es decir, está activa durante el día.

Rubeus

Rubeus
https://commons.wikimedia.org/wiki/File:Geomantic_figures.svg

Traducción: rojo

Palabras clave: ira, agresión, violencia, pasión

Elemento gobernante: aire

Planeta regente: Marte

Signo zodiacal gobernante: Escorpio

Calidad: móvil

Dirección: saliente

Parcial/Imparcial: parcial

Diurno/Nocturno: nocturno

Rubeus es una figura asociada con la ira y la agresión. Puede representar una situación violenta o apasionada. También puede indicar un momento de agitación o cambio. Esta figura se asocia típicamente con el planeta Marte y el signo de Escorpio. La calidad de Rubeus es móvil, lo que representa la energía y la actividad de la ira.

La dirección de esta figura es saliente, es decir, se está alejando de algo. Esto podría representar el final de una situación o la finalización de una fase de cambio. La parcialidad de esta figura indica que solo se aplica a situaciones específicas. Esta figura es nocturna, lo que significa que está activa durante la noche.

Caput Draconis

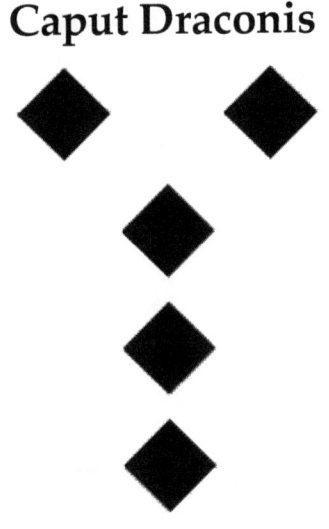

Caput Draconis
https://commons.wikimedia.org/wiki/File:Geomantic_figures.svg

Traducción: cabeza de dragón

Palabras clave: transformación, nuevos comienzos, metamorfosis

Elemento gobernante: tierra

Planeta gobernante: nodo norte de la Luna

Signo zodiacal gobernante: Piscis

Calidad: estable

Dirección: entrante

Parcial/Imparcial: parcial

Diurno/Nocturno: diurno

Caput Draconis es una figura asociada con la transformación y los nuevos comienzos. Puede representar una situación cambiante o en evolución. También puede indicar un momento de crecimiento o expansión. Esta figura se asocia típicamente con los nodos lunares y el signo de Piscis. La calidad de Caput Draconis es estable, lo que representa la constancia del cambio.

Su dirección es entrante, lo que significa que se está moviendo hacia algo. Esto podría representar el comienzo de una nueva fase o un nuevo capítulo en la vida. La parcialidad de esta figura indica que solo se aplica a situaciones específicas. Esta figura es diurna, es decir, está activa durante el día.

Cauda Draconis

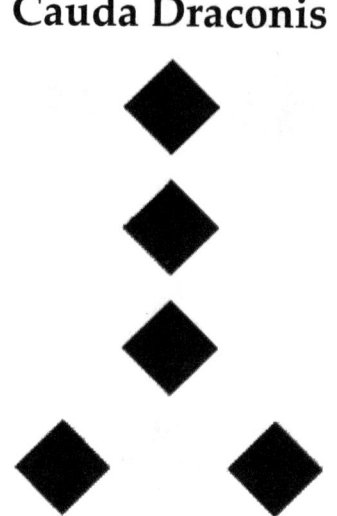

Cauda Draconis
https://commons.wikimedia.org/wiki/File:Geomantic_figures.svg

Traducción: cola de dragón

Palabras clave: finales, finalización, muerte

Elemento gobernante: fuego

Planeta gobernante: nodo sur de la Luna

Signo zodiacal gobernante: Virgo

Calidad: móvil

Dirección: saliente

Parcial/Imparcial: parcial

Diurno/Nocturno: nocturno

Cauda Draconis es una figura asociada con los finales. También puede representar la muerte, pero no siempre es así. El elemento fuego gobierna esta figura. Representa la pasión y la intensidad. El planeta asociado con Cauda Draconis es el nodo sur de la Luna, que es un punto de karma y destino.

El signo zodiacal gobernante es Virgo, un signo de tierra asociado con el servicio y la practicidad. Esta figura es móvil, lo que significa que está en constante cambio y nunca permanece en un mismo lugar. También es parcial, lo que significa que no es completa y siempre tiene el potencial de cambiar. Cauda Draconis es una figura nocturna, lo que significa que es más poderosa por la noche.

Puella

Puella
https://commons.wikimedia.org/wiki/File:Geomantic_figures.svg

Traducción: niña

Palabras clave: juventud, inocencia, comienzos

Elemento gobernante: agua

Planeta regente: Venus

Signo zodiacal gobernante: Libra

Calidad: estable

Dirección: entrante

Parcial/Imparcial: parcial

Diurno/Nocturno: diurno

Puella es una figura que representa la juventud y la inocencia. También puede significar comienzos, ya que está asociado con el elemento agua. El planeta Venus gobierna esta figura. Se asocia con el amor, la belleza y la feminidad. El signo de Libra también está gobernado por Venus y está simbolizado por la balanza.

La Puella es una figura estable, lo que significa que no cambia con el tiempo. También es parcial, lo que indica que siempre hay espacio para el crecimiento y el desarrollo. Esta figura es diurna, por lo cual es más poderosa durante el día.

Conjunctio

Conjunctio
https://commons.wikimedia.org/wiki/File:Geomantic_figures.svg

Traducción: unión

Palabras clave: colaboración, cooperación, equilibrio

Elemento gobernante: aire

Planeta regente: Mercurio

Signo zodiacal gobernante: Géminis

Calidad: móvil

Dirección: ambas

Parcial/Imparcial: imparcial

Diurno/Nocturno: nocturno

La Conjunctio es una figura que representa la asociación y la cooperación. También se asocia con el elemento aire, y significa equilibrio. El planeta Mercurio gobierna esta figura. Se asocia con la comunicación y el comercio. Esta figura es móvil, lo que significa que está en constante cambio y nunca permanece en un mismo lugar. También es imparcial, lo que significa que no favorece a un lado u otro. Conjunctio es una figura nocturna, lo que significa que es más poderosa por la noche.

Albus

Albus
https://commons.wikimedia.org/wiki/File:Geomantic_figures.svg

Traducción: blanco
Palabras clave: pureza, esperanza, nuevos comienzos
Elemento gobernante: agua
Planeta regente: Mercurio
Signo zodiacal gobernante: Géminis
Calidad: estable
Dirección: entrante
Parcial/Imparcial: parcial
Diurno/Nocturno: diurno

Albus es una figura que representa la pureza y la esperanza. También se asocia con el elemento agua, lo que significa nuevos comienzos. El planeta Mercurio gobierna esta figura. Se asocia con la comunicación y el comercio. Esta figura es estable, no cambia mucho con el tiempo. También es parcial, lo que indica que siempre hay espacio para el crecimiento y el desarrollo. Albus es una figura diurna, lo que significa que es más poderosa durante el día.

Via

Via

https://commons.wikimedia.org/wiki/File:Geomantic_figures.svg

Traducción: camino

Palabras clave: viaje, cambio, movimiento

Elemento gobernante: tierra

Planeta regente: Luna

Signo zodiacal dominante: Cáncer

Calidad: móvil

Dirección: ambas

Parcial/Imparcial: imparcial

Diurno/Nocturno: nocturno

Via es una figura que representa el viaje y el cambio. También se asocia con el elemento tierra, lo que significa estabilidad. La Luna gobierna esta figura, que está asociada con las emociones y la intuición. Esta figura es móvil, es decir, está en constante cambio y nunca permanece en un mismo lugar. También es imparcial, lo que significa que no favorece a un lado u otro. Via es una figura nocturna, lo que significa que es más poderosa por la noche.

Populus

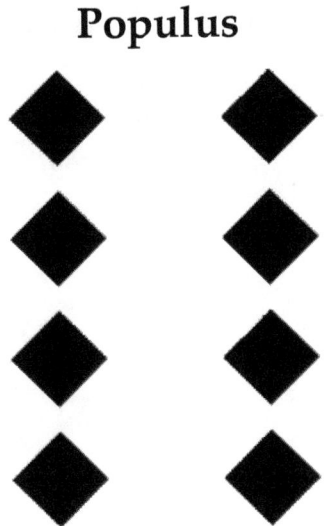

Populus
https://commons.wikimedia.org/wiki/File:Geomantic_figures.svg

Traducción: personas

Palabras clave: comunidad, sociedad, relación

Elemento gobernante: agua

Planeta regente: Luna

Signo zodiacal gobernante: Acuario

Calidad: estable

Dirección: ambas

Parcial/Imparcial: imparcial

Diurno/Nocturno: diurno

Populus es una figura que representa a la comunidad y a la sociedad. También se asocia con el elemento agua, lo que significa nuevos comienzos. La Luna gobierna esta figura. Se asocia con las emociones y la intuición. Esta figura es estable, no se modifica mucho con el tiempo. También es imparcial, lo que significa que no favorece a un lado u otro. Populus es una figura diurna, es más poderosa durante el día.

Fortuna Minor

Fortuna Minor
https://commons.wikimedia.org/wiki/File:Geomantic_figures.svg

Traducción: fortuna menor

Palabras clave: oportunidad, buena suerte, progreso

Elemento gobernante: fuego

Planeta regente: Sol

Signo zodiacal gobernante: Leo

Calidad: móvil

Dirección: saliente

Parcial/Imparcial: imparcial

Diurno/Nocturno: diurno

Fortuna Minor es una figura que representa la oportunidad y la buena suerte. También se asocia con el elemento fuego, que significa progreso. El planeta Sol gobierna esta figura. Se asocia con la vitalidad y la fuerza de voluntad. Esta figura es móvil, es decir, está en constante cambio y nunca permanece en un mismo lugar. También es imparcial, lo que significa que no favorece a un lado u otro. Fortuna Minor es una figura diurna, lo que significa que es más poderosa durante el día.

Acquisitio

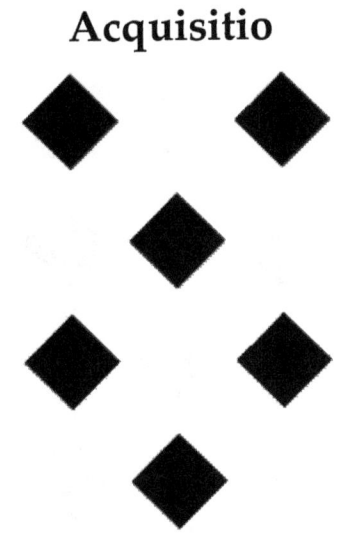

Acquisitio
https://commons.wikimedia.org/wiki/File:Geomantic_figures.svg

Traducción: adquisición

Palabras clave: ganancia, beneficio, éxito

Elemento gobernante: aire

Planeta regente: Júpiter

Signo zodiacal gobernante: Sagitario

Calidad: estable

Dirección: entrante

Parcial/Imparcial: imparcial

Diurno/Nocturno: diurno

Acquisitio es una figura que representa la ganancia y el éxito. También se asocia con el elemento aire, y significa equilibrio. El planeta Júpiter gobierna esta figura. Se asocia con la abundancia y la prosperidad. Esta figura es estable y no cambia mucho con el tiempo. También es imparcial, lo que significa que no favorece a un lado u otro. Acquisitio es una figura diurna, lo que significa que es más poderosa durante el día.

Amissio

Amissio
https://commons.wikimedia.org/wiki/File:Geomantic_figures.svg

Traducción: pérdida

Palabras clave: derrota, retroceso, fracaso

Elemento gobernante: fuego

Planeta regente: Venus

Signo zodiacal gobernante: Capricornio

Calidad: móvil

Dirección: saliente

Parcial/Imparcial: imparcial

Diurno/Nocturno: nocturno

Amissio es una figura que representa la pérdida y el fracaso. También se asocia con el elemento fuego, que significa destrucción. El planeta Venus gobierna esta figura. Se asocia con el amor y la belleza. Esta figura es móvil, lo que significa que está en constante cambio y nunca permanece en un mismo lugar. También es imparcial, lo que significa que no favorece a un lado u otro. Amissio es una figura nocturna, es más poderosa por la noche.

Carcer

Traducción: prisión
Palabras clave: restricción, retraso, frustración
Elemento gobernante: tierra
Planeta regente: Saturno
Signo zodiacal gobernante: Capricornio
Calidad: estable
Dirección: ambas
Parcial/Imparcial: imparcial
Diurno/Nocturno: nocturno

Carcer es una figura que representa la restricción y el retraso. También se asocia con el elemento tierra, lo que significa estabilidad. El planeta Saturno gobierna esta figura. Se asocia a las limitaciones y los límites. Esta figura es estable, no cambia mucho con el tiempo. También es imparcial, lo que significa que no favorece a un lado u otro. Carcer es una figura nocturna, es más poderosa por la noche.

Fortuna Major

Fortuna Major
https://commons.wikimedia.org/wiki/File:Geomantic_figures.svg

Traducción: fortuna mayor
Palabras clave: buena suerte, éxito, progreso

Elemento gobernante: tierra
Planeta regente: Sol
Signo zodiacal gobernante: Leo
Calidad: estable
Dirección: entrante
Parcial/Imparcial: imparcial
Diurno/Nocturno: nocturno

Fortuna Major es una figura que representa la buena suerte y el éxito. También se asocia con el elemento tierra, lo que significa estabilidad. El planeta Sol gobierna esta figura. Se asocia con la vitalidad y la fuerza de voluntad. Esta figura es estable, no cambia mucho con el tiempo. También es imparcial, lo que significa que no favorece a un lado u otro. Fortuna Major es una figura nocturna, lo que significa que es más poderosa por la noche.

Laetitia

Laetitia
https://commons.wikimedia.org/wiki/File:Geomantic_figures.svg

Traducción: alegría
Palabras clave: felicidad, celebración, triunfo
Elemento gobernante: fuego
Planeta regente: Júpiter
Signo zodiacal gobernante: Piscis

Calidad: móvil

Dirección: saliente

Parcial/Imparcial: parcial

Diurno/Nocturno: nocturno

Laetitia es una figura que representa la felicidad y la celebración. También se asocia con el elemento fuego, que significa pasión. El planeta Júpiter gobierna esta figura, que está asociada con la suerte y la oportunidad. Esta figura es móvil, lo que significa que está en constante cambio y nunca permanece en un mismo lugar. También es parcial, lo que significa que favorece a uno de los lados. Laetitia es una figura nocturna, lo que significa que es más poderosa por la noche.

Interpretar las figuras geománticas puede darle una mayor comprensión de las energías que existen en su vida. También pueden ayudarlo a tomar decisiones con orientación y conocimiento. Para obtener más información sobre figuras geománticas, consulte a un astrólogo profesional o lector de tarot. Este capítulo es simplemente un resumen de un tema muy complejo.

Nota: ninguna figura es puramente negativa. El lector no debe percibir ninguna figura como un mal presagio.

Capítulo 8: Construcción de gráficos de escudo

¿Ve usted las señales y las entiende? ¿Siente que tiene una fuerte conexión con el mundo espiritual? Si su respuesta es sí, entonces es hora de que empiece a aprender a practicar la geomancia. Una vez que haya conseguido sus figuras geománticas, es hora de construir un gráfico de escudo para comenzar el proceso de interpretación.

El gráfico de escudo es la estructura principal a través de la cual puede hacer una lectura geomántica. Este paso es vital para comprender el mensaje que sus figuras están intentando transmitir. En este capítulo, hablaremos sobre el gráfico de escudo en detalle, incluyendo sus partes y lo que representan. Al final de este capítulo, sabrá cómo construir su gráfico de escudo e interpretar el mensaje.

El gráfico de escudo geomántico

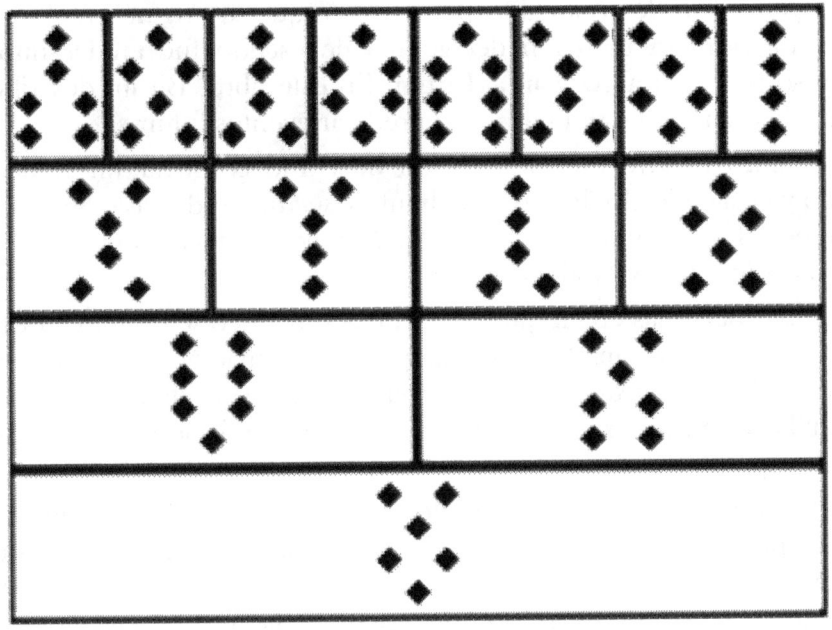

El gráfico de escudo geomántico
https://commons.wikimedia.org/wiki/File:Geomantic_figures.svg

El escudo geomántico es la herramienta principal utilizada para interpretar una lectura geomántica. El gráfico se compone de 16 segmentos de casas, cada uno de los cuales corresponde a una figura geomántica específica. Estos segmentos de casas se dividen en 4 grupos de 4 casas cada uno, llamados cuadrantes. Los cuadrantes se utilizan para delinear las diferentes áreas de la vida de una persona que consulta.

El gráfico se lee de abajo hacia arriba. El primer cuadrante, que es el más bajo, corresponde al pasado más reciente. El segundo cuadrante corresponde al futuro cercano. El tercer cuadrante corresponde al futuro distante, y el cuarto cuadrante, el más alto, corresponde al resultado.

Los cuadrantes no son iguales en tamaño, y los segmentos de casas tampoco. El tamaño y la ubicación de los cuadrantes y los segmentos de casas están determinados por la pregunta específica que está haciendo o el tema de su lectura. El gráfico de escudo se puede usar para una variedad de propósitos, como responder preguntas específicas, hacer lecturas generales o comprender la energía de una situación en particular.

Orígenes del gráfico

Sus orígenes son desconocidos, pero se cree que se originó en el mundo árabe. La primera mención del gráfico de escudo fue en Destino del Universo por Abu al-Rayhan al-Biruni. En este libro, Biruni describe un gráfico de escudo que se utiliza para predecir eventos futuros.

Este libro incluye una descripción de cómo construir un gráfico de escudo y el significado de cada cuadrante y segmento de casa. Se cree que el gráfico fue adoptado más tarde por geománticos europeos, que añadieron sus giros y modificaciones.

Algunas personas creen que el escudo geomántico se originó en China, donde se usó como una herramienta para la adivinación. Los practicantes de Feng Shui creen que la tabla se puede usar para identificar áreas de desequilibrio en un espacio y para hacer recomendaciones para corregir esos desequilibrios.

El uso del gráfico se ha extendido a otras partes de Asia y también ha ganado popularidad en el Oeste. Hoy en día, hay muchas versiones diferentes del gráfico, cada una con sus símbolos y significados únicos. En la siguiente sección, echaremos un vistazo a la función del gráfico de escudo geomántico.

Función del gráfico de escudo geomántico

Un gráfico de escudo geomántico es una herramienta utilizada por los practicantes de Feng Shui para evaluar la energía de un espacio. Se utiliza para interpretar el mensaje de las figuras geománticas. La figura que cae en cada segmento de casa puede darle información sobre el pasado, presente y futuro. Cuando esté haciendo una lectura solo, deberá diseñar su gráfico usted mismo.

Para ayudarle a entender mejor el gráfico, le presentamos a continuación algunas de sus funciones:

- El gráfico de escudo geomántico se puede usar para responder preguntas específicas
- Se puede utilizar para obtener una visión general de una situación
- Se puede utilizar para entender la energía de una situación en particular
- Se puede utilizar para mejorar la energía de un espacio

- Se puede utilizar para encontrar áreas de desequilibrio en un espacio
- Se puede utilizar para comprender la dinámica de una relación
- Se puede utilizar para hacer predicciones

Tener una mejor comprensión del gráfico de escudo geomántico le ayudará a usarlo de manera más efectiva. En la siguiente sección, echaremos un vistazo a sus segmentos.

Segmentos del gráfico de escudo geomántico

El gráfico se compone de cuatro segmentos, cada uno de los cuales representa una etapa diferente en el proceso de lectura. El primer segmento, conocido como las Madres, se utiliza para identificar las influencias potenciales en una situación dada. El segundo segmento, las Hijas, se utiliza para refinar aún más la lectura al considerar la naturaleza de las influencias en juego.

El tercer segmento, los Testigos, se utiliza para sopesar la evidencia y determinar qué camino es mejor. Finalmente, el cuarto segmento, el Juez, se utiliza para pronunciar un veredicto basado en los hallazgos de los tres segmentos anteriores. Al considerar cuidadosamente los cuatro segmentos, los practicantes pueden obtener una comprensión más profunda de la compleja interacción entre las fuerzas humanas y naturales.

La siguiente sección le proporcionará una visión más detallada de cada uno de los segmentos en un gráfico de escudo geomántico.

A. Las Madres

Descripción: el primer segmento, conocido como las Madres, se utiliza para identificar las influencias potenciales en una situación específica. Este segmento se divide en cuatro cuadrantes, cada uno de los cuales está gobernado por una Madre diferente. Estas Madres representan los cuatro elementos: fuego, tierra, aire y agua.

Cada Madre tiene un símbolo y un significado. Las Madres se pueden utilizar para entender la energía de un espacio y para hacer recomendaciones para mejorar el equilibrio de ese espacio. Las Madres son las fuerzas fundamentales en cualquier situación dada, y pueden ser positivas o negativas.

Significado: Las Madres representan los fundamentos de la lectura, y pueden ser consideradas la base sobre la cual se construye el resto del gráfico Las Madres proporcionan al lector un punto de partida desde el cual pueden entender la situación. El primer paso en cualquier lectura es identificar a la Madre que se presenta más relevante para la pregunta en cuestión.

Esta madre proporcionará al lector una comprensión inicial de la situación y les dará una idea general de lo que sucede. A partir de ahí, el lector puede comenzar a refinar su comprensión al considerar a las otras Madres.

Interpretación de cada figura en la lectura

Cuando una figura geomántica aparece en el segmento de las Madres, está transmitiendo un mensaje muy importante. Por ejemplo, si la figura es Puella, está transmitiendo un mensaje de pureza, inocencia y nuevos comienzos. Si la figura es Populus, entonces está transmitiendo un mensaje de comunidad, cooperación y compromiso.

Del mismo modo, Fortuna Major se asocia con la buena fortuna, la suerte y la oportunidad. Cuando aparece en el segmento de las Madres, puede indicar que la situación es favorable. Via se asocia con la pasión, el entusiasmo y la energía. Cuando se aparece dentro del segmento de las Madres, puede indicar que el problema en cuestión es de gran importancia.

El segmento de Madres del gráfico se utiliza para identificar las posibles influencias en una situación determinada.

B. Las Hijas

Descripción: el segundo segmento de la tabla, conocido como las Hijas, se utiliza para refinar la lectura al considerar la naturaleza de las influencias. Este segmento se divide en cuatro cuadrantes, cada uno de los cuales está gobernado por una Hija diferente. Estas Hijas representan los cuatro palos del tarot: copas, espadas, bastos y pentáculos.

Cada hija tiene un símbolo y un significado. Las Hijas se pueden usar para comprender la dinámica de una situación y para hacer recomendaciones sobre cómo transitar esa situación. Las Hijas son las fuerzas más específicas dentro de una situación específica, y pueden ser positivas o negativas.

Significado: las Hijas proporcionan al lector una comprensión más específica de la situación en cuestión. El primer paso en cualquier lectura es identificar a la Hija que se destaca en la pregunta en cuestión. Esta Hija le dará al lector una idea general sobre la respuesta. A partir de ahí, el lector puede refinar su interpretación con las otras Hijas presentes.

Interpretación de cada figura en la lectura

Cuando una figura geomántica está en el segmento de Hijas, significa que la figura está transmitiendo específicamente un mensaje sobre ese palo. Por ejemplo, si la figura es Rubeus, entonces está transmitiendo un mensaje sobre el palo de bastos (fuego). Podría significar que la situación es peligrosa o que se debe tener precaución.

Si la figura es Cauda Draconis, está transmitiendo un mensaje sobre el palo de espadas (aire). Esto podría transmitir que la situación es confusa o que hay una necesidad de aclarar las cosas. El segmento Hijas de la tabla se utiliza para comprender las influencias específicas de cualquier situación.

C. Los Testigos

Descripción: el tercer segmento de la tabla, conocido como los Testigos, se utiliza para refinar aún más la lectura. Considera el papel que desempeñan otras personas dentro de la situación. Este segmento se divide en cuatro cuadrantes, cada uno gobernado por un Testigo diferente. Estos Testigos representan los cuatro elementos: fuego, aire, agua y tierra.

Cada Testigo tiene su símbolo y significado. Los Testigo se pueden usar para comprender la dinámica de una situación y para hacer recomendaciones sobre cómo transitar esa situación. Los Testigos son las personas o factores que no están directamente involucrados en la situación, pero que pueden tener una influencia.

Significado: los Testigos proporcionan al lector una comprensión más específica de la situación en cuestión. El primer paso en cualquier lectura es identificar al Testigo que se destaca en la pregunta en cuestión. Este Testigo le dará al lector una idea general sobre la respuesta. A partir de ahí, el lector puede refinar su interpretación considerando a los otros Testigos.

Interpretación de cada figura en la lectura

Cuando una figura geomántica está en el segmento de Testigos, está transmitiendo específicamente un mensaje sobre ese elemento. Por ejemplo, si la figura es Albus, estará transmitiendo un mensaje sobre el elemento agua. Tal vez quiera decir que la situación es algo emocional o que debemos ser más sensibles.

Si la figura es Populus, está transmitiendo un mensaje sobre el elemento tierra. Podría estar transmitiendo que es un conflicto material o que hay una necesidad de ser más prácticos. El segmento de Testigos de la tabla se utiliza para comprender a las personas o factores que no están directamente involucrados en la situación, pero que pueden influenciar.

D. El Juez

Descripción: El cuarto y último segmento del gráfico se conoce como el Juez. Este segmento se utiliza para determinar el resultado de la lectura. El Juez está representado por una sola figura geomántica, que se coloca en el centro del gráfico. Esta figura se conoce como "el Juez" porque representa la decisión final que se tomará en la situación.

El Juez no está influenciado por los otros segmentos de la carta. Su determinación se basa en la posición de los planetas y las estrellas. El Juez es imparcial y objetivo, y como tal, su decisión es definitiva.

Significado: el Juez proporciona al lector una comprensión definitiva del resultado de la situación. El cuarto y último paso en cualquier lectura es identificar al Juez. El Juez le dará una conclusión. El Juez no está influenciado por los otros segmentos de la carta. Su determinación se basa en la posición de los planetas y las estrellas.

Interpretación de cada figura en la lectura

Cuando una figura geomántica está en el segmento del Juez, está transmitiendo específicamente un mensaje sobre ese planeta o estrella. Por ejemplo, si la figura es Fortuna Major, estará transmitiendo un mensaje sobre el planeta Júpiter. Podría significar que la situación tendrá un resultado positivo.

Si la figura es Via, entonces está transmitiendo un mensaje sobre Saturno. Podría significar que la situación tendrá un resultado negativo o difícil. El segmento del Juez se utiliza para determinar el resultado de la lectura.

Construcción del gráfico de escudo

Al construir un gráfico de escudo de geomancia, el primer paso es identificar la pregunta que desea responder. Una vez que haya hecho esto, deberá seleccionar una ubicación para el gráfico. El gráfico se puede dibujar en cualquier superficie, pero se recomienda que use un pedazo de papel o tela.

El siguiente paso es identificar las figuras que utilizará en su gráfico. Hay un total de 16 figuras y cada una representa un elemento diferente. Puede elegir usar las 16 figuras o puede seleccionar un número más pequeño. Se recomienda seleccionar al menos 8 figuras.

Una vez que haya seleccionado sus figuras, deberá colocarlas en los segmentos apropiados del gráfico. Las figuras se colocan en el siguiente orden:

1. El Significante
2. La Madre
3. El Padre
4. El Testigo izquierdo
5. El Testigo derecho
6. El Juez

Una vez que haya colocado todas las figuras en sus posiciones adecuadas, deberá dibujar líneas que las conecten. Estas líneas se conocen como 'líneas de escudo', y sirven para crear una conexión entre las figuras.

Una vez que haya dibujado todas las líneas, deberá interpretar el gráfico. La interpretación dependerá de la pregunta que haya hecho, así como de las figuras que haya utilizado.

Póngalo en práctica: escudos imprimibles

Ahora que sabe cómo construir un gráfico de escudo de geomancia, puede poner en práctica sus conocimientos. Al final del libro hay escudos imprimibles que puede usar para sus lecturas. Utilice estos escudos para responder a una pregunta y vea cuál es el resultado.

Este capítulo le ha proporcionado una explicación detallada de cómo construir un gráfico de escudo para geomancia. También ha aprendido a interpretar los resultados del gráfico. Construir uno es un proceso simple. Todo lo que necesita es una pregunta, una ubicación y sus 16 figuras. Una vez que tenga todo esto, puede construir su gráfico y comenzar a interpretar. Pruébelo y vea lo que el futuro tiene reservado para usted.

Capítulo 9: Generación de carta astrológica

¿Conoce su carta astrológica? Si no la conoce, no se preocupe. En este capítulo, le mostraremos cómo generar una carta astrológica para comenzar a comprender el papel que desempeña la astrología en su vida. La geomancia y la astrología están inextricablemente unidas. La buena comprensión de uno mejorará la comprensión del otro.

Este capítulo explorará cómo usar e interpretar el segundo gráfico más utilizado por los geománticos: la carta astrológica. Recorreremos cada casa y explicaremos el significado específico que cada figura geomántica podría transmitir si se encuentra en cada una de las casas. Pero primero, necesitamos entender qué es una carta astrológica.

Cartas astrológicas

Una carta astrológica es una imagen exacta del cielo en el momento en que usted nació. Muestra la posición de los planetas en ese momento, y los signos del zodíaco donde aparecen. Una carta astrológica es un mapa bidimensional de los cielos en un momento específico en el tiempo. Se compone de doce casas. Cada una representa un área diferente de la experiencia de vida. También cuenta con diez planetas, cada uno representando una energía astrológica diferente.

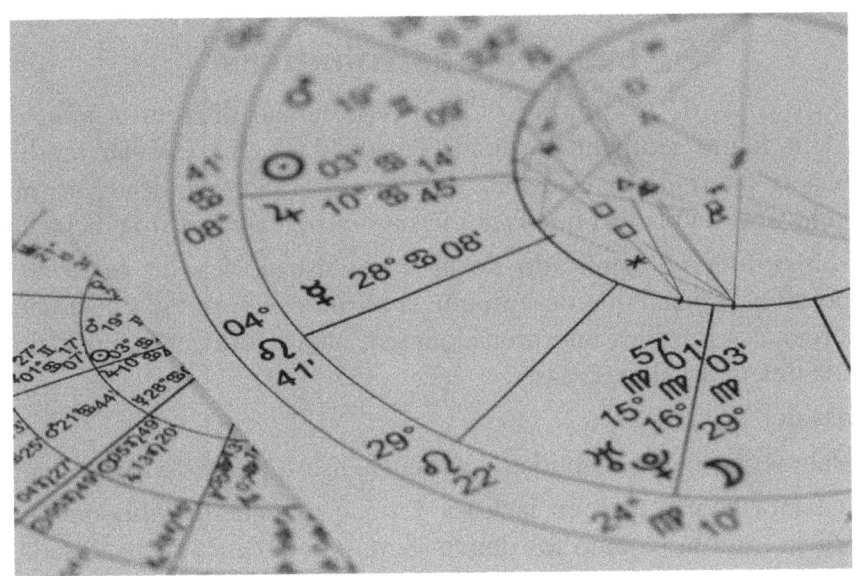

Carta astrológica
Dominio público CC0 https://pxhere.com/es/photo/682841

Además, la carta incluye los dos nodos de la Luna, Rahu y Ketu, así como los cuatro ángulos de la carta, el Ascendente, el Descendente, el Medio Cielo y el IC (o Imum Coeli: el Fondo del Cielo). Estos son los puntos más importantes del gráfico. Indican el comienzo, el final, el punto más alto y el punto más bajo de su viaje por la vida, respectivamente.

Planetas en la carta astrológica

Los planetas en la carta astrológica son Sol, Luna, Mercurio, Venus, Marte, Júpiter, Saturno, Urano, Neptuno y Plutón. Cada planeta representa un tipo diferente de energía, que se manifiesta de diferentes maneras en nuestras vidas. El Sol, por ejemplo, representa nuestro ego y nuestro sentido del yo. La Luna representa nuestras emociones y nuestra mente subconsciente.

Mercurio representa nuestro estilo de comunicación, y Venus representa nuestros valores y lo que nos parece hermoso. Marte representa nuestro impulso y ambición, y Júpiter representa nuestra suerte y expansión. Saturno representa nuestras lecciones y limitaciones, y Urano representa nuestra libertad e individualidad. Neptuno representa nuestra espiritualidad y conexión con lo divino, y Plutón representa nuestro poder y transformación.

Las casas astrológicas

Las doce casas de la carta astrológica representan diferentes áreas de la vida. Una figura geomántica situada en una casa en particular tendrá un significado diferente si estuviera en otra casa. Su significado cambiará dependiendo del planeta que la gobierna y el signo que ocupa dicha casa.

Comprender el significado de las casas astrológicas es esencial para comprender el papel que desempeña la astrología en su vida. Esta sección proporcionará posibles interpretaciones de una figura geomántica situada en cada una de las doce casas.

Casa del Yo

Palabras clave: autoidentidad, apariencia física, primeras impresiones

La figura geomántica en la Casa 1 tiene una fuerte influencia en su apariencia externa y cómo los demás lo ven. Esta figura está asociada con su cuerpo físico y cómo se presenta al mundo. También se relaciona con su salud y bienestar general.

Si la figura está bien aspectada, indica que es probable que usted esté físicamente sano y atractivo. Si la figura está mal aspectada, sugiere que puede tener problemas de salud física o una apariencia poco atractiva. Ya sea bien o mal aspectado, la figura de la 1ª Casa es un indicador importante de cómo los demás lo perciben.

Al interpretar una figura en la Casa 1, es importante prestar atención al elemento y la calidad de la figura, así como el planeta que la gobierna. Esto le dará pistas más claras sobre su apariencia y salud.

Por ejemplo, una figura de elemento fuego en la Casa 1 puede indicar que tiene una personalidad ardiente y asertiva. Una figura de agua en la Casa 1 puede sugerir que sea sensible y que tiene una naturaleza compasiva.

Casa de las posesiones

La figura geomántica en la segunda casa tiene una fuerte influencia en sus posesiones materiales y su bienestar financiero. Esta figura está asociada con sus ingresos, posesiones y valores. También se relaciona con su autoestima y su sentido de autovaloración.

Si la figura está bien aspectada, indica que es probable que tenga éxito financiero y que tiene una alta autoestima. Si la figura está mal aspectada, sugiere que puede tener problemas financieros o baja autoestima. De cualquier manera, la figura de la segunda casa es un indicador importante de su relación con el dinero y las posesiones.

Al interpretar una figura en la Casa 2, es importante prestar atención al elemento y la calidad de la figura, así como el planeta que la gobierna. Esto le dará pistas más claras sobre sus finanzas y posesiones.

Por ejemplo, una figura de elemento fuego en la segunda casa puede indicar que usted es una persona abundante. Una figura de elemento agua en la 2ª Casa puede indicar que es una persona tacaña.

Casa de las comunicaciones

La figura geomántica en la Casa 3 tiene una fuerte influencia en su estilo de comunicación y su capacidad para expresarse. Esta figura está asociada con su comunicación verbal y escrita, así como su capacidad para pensar con claridad y razonar lógicamente. También se relaciona con su salud y su estado mentales general.

Si la figura está bien aspectada, es probable que usted tenga una mente ágil. Si la figura está mal aspectada, usted puede tener problemas de comunicación o problemas de salud mental. De cualquier manera, la figura de la 3ª Casa es un indicador importante de su capacidad para expresarse y participar en actividades intelectuales.

Al interpretar una figura en la Casa 3, es importante prestar atención al elemento y la calidad de la figura, así como el planeta que la gobierna. Esto le dará pistas más claras sobre sus procesos de comunicación y pensamiento. Por ejemplo, una figura de fuego en la 3ª Casa puede indicar que uste es expresivo y entusiasta al comunicarse. Una figura de agua en la 3ª Casa puede sugerir que es introspectivo y compasivo al comunicarse.

Casa del hogar y la familia

La figura geomántica en la 4ª Casa influye fuertemente en su vida hogareña y las relaciones familiares. Esta figura está asociada con su familia, sus antepasados y su sentido de pertenencia. También se relaciona con su bienestar emocional y su estado mental general.

Si la figura está bien aspectada, puede estar mostrando una vida hogareña feliz y una relación cercana con su familia. Si la figura está mal aspectada, puede indicar problemas con su familia o su salud emocional. De cualquier manera, la figura de la 4ª Casa es un indicador importante de su relación con su hogar y familia.

Al interpretar una figura en la Casa 4, es importante prestar atención al elemento y la calidad de la figura, así como el planeta que la gobierna.

Esto le dará pistas más claras sobre su vida y sus relaciones familiares. Por ejemplo, una figura de fuego en la 4ª Casa puede sugerir que usted es pasional y ardiente en sus relaciones familiares. Una figura de agua en la 4ª Casa puede indicar que la persona es compasiva e introspectiva en sus relaciones familiares.

Casa de la creatividad

La figura geomántica en la 5ª Casa influye fuertemente en su creatividad y autoexpresión. Esta figura está asociada con sus pasatiempos, proyectos creativos y vida amorosa. También se relaciona con su sentido de la diversión y su estado mental general.

Si la figura está bien aspectada, puede indicar creatividad y una vida amorosa activa. Si la figura está mal aspectada, puede indicar problemas con sus esfuerzos creativos o su vida amorosa. De cualquier manera, la figura de la quinta casa es un indicador importante de su capacidad para expresarse creativamente y disfrutar de las relaciones románticas.

El elemento y la calidad de la figura, así como el planeta que la gobierna, le darán pistas más claras sobre su creatividad y vida amorosa. Por ejemplo, una figura de elemento fuego en la 5ª Casa indica creatividad y pasión en sus pasatiempos y relaciones. Una figura de agua en la 5ª Casa puede indicar que es introspectivo y compasivo en sus pasatiempos y relaciones.

Casa de salud y trabajo

La figura geomántica en la Casa 6 influye fuertemente en su salud y vida laboral. Esta figura está asociada con su salud física, rutina diaria y trabajo. También se relaciona con su salud y su estado mentales general.

Si la figura está bien aspectada, puede indicar buena salud física y mental. Si la figura está mal aspectada, puede indicar problemas con sus esfuerzos creativos o su vida amorosa. De cualquier manera, la figura de la 6ª Casa es un indicador importante de su capacidad para mantener un estilo de vida saludable y ser productivo cuando se trata de su trabajo.

El elemento y la calidad de la figura, así como el planeta que la gobierna, le darán pistas más claras sobre su salud y rutina laboral. Por ejemplo, una figura de fuego en la Casa 6 puede indicar que la persona es apasionada y ardiente en su trabajo y su salud. Una figura de agua en la Casa 6 puede indicar que sea introspectivo y compasivo con respecto al trabajo y la salud.

Casa del equilibrio

La figura geomántica en la Casa 7 influye fuertemente en sus relaciones e interacciones con los demás. Esta figura está asociada con sus relaciones cercanas, su matrimonio y sus asociaciones comerciales. También se relaciona con su sentido de la diversión y su estado mental general.

Si la figura está bien aspectada, puede indicar relaciones armoniosas con los demás. Si la figura está mal aspectada, puede estar sugiriendo problemas con sus relaciones o su sentido del juego limpio. La figura de la séptima casa es un indicador importante de su capacidad para interactuar con los demás de manera positiva.

El elemento y la calidad de la figura, así como el planeta que la gobierna, le darán pistas más claras sobre su relación con los demás. Por ejemplo, una figura de fuego en la Casa 7 indica que la persona es apasionada y ardiente en sus interacciones con los demás. Una figura de agua en la Casa 7 puede hablar de alguien introspectivo y compasivo en sus interacciones con los demás.

Casa de la transformación

La figura geomántica en la Casa 8 tiene una fuerte influencia en su transformación y renacimiento. Esta figura está asociada con la muerte, los impuestos y la vida sexual. También se relaciona con su capacidad de dejar ir el pasado y aceptar los nuevos comienzos.

Si la figura está bien aspectada, habla sobre transformación positiva en su vida. Si la figura está mal aspectada, sugiere problemas con su capacidad para dejar atrás el pasado y abrirse a nuevos comienzos. La figura de la octava casa es un indicador importante sobre su capacidad para cambiar y crecer.

El elemento y la calidad de la figura, así como el planeta que la gobierna, le darán pistas más claras sobre su poder de transformación. Por ejemplo, una figura de fuego en la Casa 8 puede indicar que la persona es apasionada y ardiente con respecto a los cambios. Una figura de agua en la Casa 8 puede mostrar a una persona introspectiva y compasiva con respecto al cambio y el crecimiento.

Casa de la educación superior

La figura geomántica en la Casa 9 influye fuertemente en su aprendizaje superior y conocimiento espiritual. Esta figura está asociada con su educación, su filosofía y su religión. También se relaciona con su capacidad para ver el panorama general y encontrar significado a la vida.

Si la figura está bien aspectada, puede estar mostrando una experiencia positiva con el aprendizaje superior y el conocimiento espiritual. Si la figura está mal aspectada, puede sugerir problemas con su capacidad para ver el panorama general o encontrar sentido a la vida. La figura de la novena casa es un indicador importante de su capacidad para aprender y crecer espiritualmente.

El elemento y la calidad de la figura, así como el planeta que la gobierna, le darán pistas más claras sobre su educación superior y conocimiento espiritual. Por ejemplo, una figura de fuego en la Casa 9 puede indicar que la persona es apasionada y ardiente en su proceso educativo y su espiritualidad. Una figura de agua en la Casa 9 puede mostrar a una persona introspectiva y compasiva en su proceso de aprendizaje superior y su espiritualidad.

Casa de la carrera

La figura geomántica en la Casa 10 tiene una fuerte influencia en su carrera y reputación pública. Esta figura está asociada con su profesión, su estatus y sus logros. También se relaciona con su capacidad para tener éxito en el ámbito público.

Si la figura está bien aspectada, puede indicar una experiencia positiva con su carrera y reputación pública. Si la figura está mal aspectada, puede sugerir problemas con su capacidad para tener éxito en el ámbito público. La figura de la Casa 10 es un indicador importante de su capacidad para alcanzar sus objetivos.

El elemento y la calidad de la figura, así como el planeta que la gobierna, le darán pistas más claras sobre su carrera y su reputación. Por ejemplo, una figura de fuego en la Casa 10 indica que es apasionado y ardiente en su carrera y con respecto a su imagen pública. Una figura de agua en la Casa 10 puede mostrar a una persona introspectiva y compasiva con respecto a su carrera e imagen pública.

Casa de las amistades

La figura geomántica en la Casa 11 tiene una fuerte influencia en sus amistades e interacciones sociales. Esta figura está asociada con los amigos, aliados y su comunidad. También se relaciona con su capacidad para conectarse con los demás y formar relaciones significativas.

Si la figura está bien aspectada, indica experiencias positivas con amistades e interacciones sociales. Si la figura está mal aspectada, sugiere problemas con su capacidad para conectarse con los demás o formar relaciones significativas. La figura de la Casa 11 es un indicador importante de su capacidad para construir fuertes lazos sociales.

El elemento y la calidad de la figura, así como el planeta que la gobierna, le darán pistas más claras sobre sus amistades e interacciones sociales. Por ejemplo, una figura de fuego en la Casa 11 puede indicar que la persona es apasionada y ardiente en sus vínculos. Una figura de agua en la Casa 11 puede indicar que es introspectivo y compasivo con respecto a sus vínculos.

Casa del inconsciente

La figura geomántica en la Casa 12 influye fuertemente en su mente inconsciente y su viaje espiritual. Esta figura está asociada con el subconsciente, los sueños y el misticismo. También se relaciona con la capacidad para conectarse con el reino espiritual.

Si la figura está bien aspectada, es probable que tenga experiencias positivas con su mente inconsciente y su viaje espiritual. Si la figura está mal aspectada, indica problemas con su capacidad para conectarse con el reino espiritual o acceder a su mente subconsciente. La figura de la Casa 12 es un indicador importante de su capacidad para conectarse con el mundo invisible.

El elemento y la calidad de la figura, así como el planeta que la gobierna, le darán pistas más claras sobre su menta inconsciente y su recorrido espiritual. Por ejemplo, una figura de fuego en la Casa 12 puede indicar que la persona es apasionada y ardiente en su proceso con el inconsciente y la espiritualidad. Una figura de agua en la Casa 12 puede mostrar a una persona introspectiva y compasiva en su proceso con el inconsciente y su espiritualidad.

La carta astrológica es la segunda carta más utilizada por los geománticos. Consta de doce casas, cada una representando un área diferente de la vida. Al interpretar una carta astrológica, el geomántico observa la posición de los planetas en cada casa, así como los aspectos entre los planetas.

El geomántico observará los elementos y cualidades de los planetas, así como el poder de cada planeta. Cada planeta y casa tendrá un significado diferente, que el geomántico usará para interpretar la carta. Este capítulo ha explorado los usos e interpretaciones del segundo gráfico más utilizado por los geománticos: la carta astrológica.

Capítulo 10: Métodos de interpretación

Cada gráfico geomántico se puede interpretar con varios fines. Este último capítulo proporcionará varias técnicas interpretativas que le ayudarán a ver más aspectos de una tabla y hacer lecturas más precisas.

En este capítulo, aprenderá cómo hacer un gráfico diario, semanal, mensual o anual, cómo hacer una lectura general de la vida tanto para usted como para otra persona (o incluso para una mascota), y cómo hacer una lectura para encontrar dirección en la vida o la carrera, para encontrar una ubicación, para calcular tiempos de algunos eventos, y mucho más.

Técnicas de interpretación

Se puede utilizar varias técnicas diferentes para interpretar, pero algunas son más comunes que otras. En esta sección, veremos las técnicas más comunes.

1. Los cuatro pilares

La técnica de los cuatro pilares es la más común y básica. Implica mirar los cuatro pilares principales de una tabla e interpretarlos en función de su significado. El primer pilar es el Yo, que representa al consultante o la persona que está haciendo la lectura. El segundo pilar representa a las personas y las cosas que rodean al consultante. El tercer pilar es el pasado, que representa los eventos y experiencias que han llevado a la situación actual. El cuarto pilar es el futuro, que representa los posibles resultados de la situación actual.

2. Las doce casas

Esta es otra técnica común que implica mirar las doce casas de una carta e interpretarlas en función de su significado. Esta técnica se utiliza a menudo junto con la técnica de los cuatro pilares. Basado en la posición de los planetas en las doce casas, un astrólogo puede interpretar la carta de muchas maneras diferentes. Para refrescar su conocimiento sobre las doce casas, vea el Capítulo 4.

3. Los diez planetas

La técnica de los diez planetas es otra técnica común que consiste en mirar los diez planetas de una carta e interpretarlos en función de su significado. La forma en que se utiliza esta técnica puede variar, pero a menudo, los planetas se dividen en dos grupos de cinco. El primer grupo son los planetas interiores, que representan el Yo personal, y el segundo grupo son los planetas exteriores, que representan el Yo social. Los planetas también suelen dividirse en tres grupos, que representan la mente, el cuerpo y el espíritu.

4. El eje nodal

La técnica del eje nodal es una técnica más avanzada que consiste en observar los nodos de la luna e interpretarlos en función de su significado. El nodo norte representa el futuro, mientras que el nodo sur representa el pasado. Esta técnica se usa a menudo para observar el karma de una persona o para ver cómo las experiencias de vidas pasadas están afectando su vida actual. También se puede utilizar para observar los posibles resultados de una situación actual.

5. Las estrellas fijas

La técnica de las estrellas fijas es una técnica más avanzada que consiste en observar las estrellas fijas e interpretarlas en función de su significado. Las estrellas fijas pueden dar pistas sobre el destino de una persona o el resultado de una situación actual. La interpretación de estrellas fijas a menudo se hace junto con la técnica del eje nodal.

Cómo hacer una lectura

Hay muchas maneras diferentes de hacer una lectura, pero hay algunos pasos básicos comunes a todas las lecturas. Esta sección analizará algunos de los tipos de lecturas más comunes y cómo llevarlas a cabo.

1. Gráficos diarios, semanales, mensuales y anuales

El primer paso para hacer un gráfico diario, semanal, mensual o anual es elegir el tipo de gráfico que desea usar. Hay muchos tipos diferentes de gráficos, pero los más comunes son los que usan las técnicas de los cuatro pilares o las doce casas. Una vez que haya elegido un gráfico, deberá determinar el marco de tiempo que usará. Para un gráfico diario, necesitará la hora, la fecha y el lugar de nacimiento. Para un gráfico semanal, necesitará la hora, la fecha y el lugar de nacimiento, así como las posiciones planetarias de la semana actual.

Para un gráfico mensual, además de la hora, la fecha y el lugar de nacimiento, necesitará las posiciones planetarias del mes actual. Esto se puede hacer usando una efeméride o una calculadora en internet. Del mismo modo, para un gráfico anual, además de la hora, la fecha y el lugar de nacimiento, necesitará las posiciones planetarias del año actual. La mejor manera de obtener esta información es usar una efemérides.

El siguiente paso es trazar los planetas en el gráfico. Esto se puede hacer a mano o mediante el uso de un programa. Una vez que los planetas estén trazados, deberá interpretar el gráfico. La interpretación del gráfico dependerá del modelo que esté utilizando. Si está utilizando un gráfico de cuatro pilares, deberá interpretar el gráfico en función del significado de las casas. Si está utilizando un gráfico de doce casas, deberá interpretar el gráfico en función del significado de los planetas en cada casa.

2. Lectura general de la vida

Una lectura general de la vida es una lectura que se puede hacer en cualquier momento y no requiere una hora, fecha o lugar de nacimiento específico. En una lectura general de la vida, usarás las posiciones planetarias del día en que está haciendo la lectura. También necesitarás conocer su signo ascendente, el signo que se elevaba en el horizonte en el momento y lugar de su nacimiento.

El signo ascendente dará pistas sobre su personalidad y su enfoque general en la vida. Para hacer una lectura general de la vida, primero deberá elegir un gráfico. El gráfico más común utilizado para una lectura general de la vida es el gráfico de doce casas. Una vez que haya elegido un gráfico, deberá determinar su signo ascendente. Esto se puede hacer mediante el uso de una calculadora en línea o una efemérides.

La interpretación de la carta dependerá de los planetas en cada casa y su relación con el signo ascendente. Los planetas darán pistas sobre diferentes áreas de su vida, como carrera, vida amorosa y vida familiar. El signo ascendente dará pistas sobre su personalidad y su enfoque general en la vida.

3. Lectura sobre relaciones

Se puede hacer una lectura sobre relaciones para examinar la dinámica de una relación actual o pasada. En una lectura sobre relación, usará los datos de nacimiento de ambas personas. También necesitará conocer las posiciones planetarias actuales. Esto se puede hacer usando una efeméride o una calculadora en internet.

El siguiente paso es elegir un gráfico. El gráfico más común utilizado para una lectura de relaciones es el gráfico compuesto. Podemos crear un gráfico compuesto tomando el punto medio de cada planeta entre dos cartas natales. Esto se puede hacer a mano o mediante el uso de un programa. Una vez que se crea el gráfico compuesto, deberá interpretarlo.

La interpretación dependerá de los planetas en cada casa y su relación entre sí. Los planetas darán pistas sobre diferentes aspectos de la relación, como la comunicación, la intimidad y el conflicto.

4. Lectura profesional

Una lectura profesional es una lectura que se puede hacer para examinar su carrera actual o para explorar las posibles oportunidades. En una lectura profesional, usará las posiciones planetarias del día en que está haciendo la lectura. También necesitará conocer su signo ascendente.

El signo ascendente dará pistas sobre su personalidad y su enfoque general en la vida. Para hacer una lectura profesional, primero deberá elegir un gráfico. El gráfico más común utilizado para una lectura profesional es el gráfico de doce casas. Una vez que haya elegido un gráfico, deberá determinar su signo ascendente. Esto se puede hacer mediante el uso de una calculadora en línea o una efemérides.

La interpretación dependerá de los planetas en cada casa y de su relación con el signo ascendente. Los planetas darán pistas sobre diferentes áreas de su carrera, como su entorno de trabajo, sus jefes y sus compañeros de trabajo. El signo ascendente dará pistas sobre su enfoque profesional.

5. Lectura para encontrar una ubicación

Una lectura para encontrar una ubicación apropiada sirve para encontrar el lugar ideal para vivir o para visitar. Usará las posiciones planetarias del día en que está haciendo la lectura. También necesitará conocer su signo ascendente.

El signo ascendente dará pistas sobre su personalidad y su enfoque general en la vida. Para hacer una lectura de ubicación, primero deberá elegir un gráfico. El gráfico más común utilizado para esto es el gráfico de doce casas. Una vez que haya elegido un gráfico, deberá determinar su signo ascendente. Esto se puede hacer mediante el uso de una calculadora en línea o una efemérides.

La interpretación de la carta dependerá de los planetas en cada casa y su relación con el signo ascendente. Los planetas proporcionarán pistas sobre diferentes aspectos de una ubicación, como su clima, terreno y personas. El signo ascendente dará pistas sobre su enfoque general sobre ubicaciones.

6. Calcular tiempos de ciertos eventos

Hay un par de métodos diferentes que se pueden utilizar para calcular cuánto tiempo tomará hasta que algo suceda. El primer método es utilizar las horas planetarias. Necesitará saber la hora del día y las posiciones planetarias. Esto se puede hacer usando una efeméride o una calculadora en internet. Una vez que tenga la hora del día y las posiciones planetarias, tendrá que calcular la hora planetaria para el planeta que significa el evento.

El segundo método es usar las edades astrológicas. Las edades astrológicas se basan en la precesión de los equinoccios. Para calcular la edad astrológica, necesitará saber el año de su nacimiento y el año actual. Luego, necesitará encontrar el planeta que está en el mismo signo en el que estaba el Sol al momento de su nacimiento. Este planeta estará en el mismo signo para todos los nacidos en su año.

La edad astrológica le dará una idea general de cuánto tiempo tomará para que el evento suceda. La hora planetaria le dará un marco de tiempo más específico.

Consejos y trucos

Si quiere leer un gráfico, hay algunas cosas que debe tener en cuenta.

- Relájese y despeje su mente antes de comenzar. Esto le ayudará a ser más receptivo a la información.
- Concéntrese en su pregunta. Esto le ayudará a filtrar cualquier información irrelevante.

- Tómese su tiempo. Hay una gran cantidad de información en el gráfico, y puede demorar para procesar todo.
- Abra su mente. La interpretación de un gráfico no es una ciencia exacta, y siempre habrá espacio para la interpretación.
- Prepárese para leer el gráfico más de una vez. A medida que adquiera experiencia, podrá comprender mejor el gráfico y ver las cosas que se perdió la primera vez.
- Comience siempre con su signo ascendente. Esto le dará una idea de su enfoque general de la tabla.
- Preste atención a los planetas en cada casa y su relación con el signo ascendente. Los planetas darán pistas sobre diferentes áreas de su vida.
- Los aspectos entre los planetas también son importantes. Los aspectos darán pistas sobre las relaciones entre las diferentes áreas de su vida.
- Preste atención a la Luna. La Luna le dará pistas sobre sus emociones y su intuición.
- Recuerde que un gráfico es sólo una herramienta. Depende de usted interpretarlo y tomar decisiones sobre su vida.

Hay muchas maneras diferentes de interpretar un gráfico. Puedes usar los planetas, las casas, los aspectos o el signo ascendente para obtener información sobre diferentes áreas de su vida. Los diferentes gráficos se pueden utilizar para obtener información sobre áreas específicas de su vida o para encontrar una ubicación. Las edades astrológicas y las horas planetarias se pueden usar para calcular cuánto tiempo tomará hasta que algo suceda.

Conclusión

Como hemos visto, los planetas juegan un papel muy importante en la geomancia. Son la base de todo nuestro universo, y sus energías dan forma a nuestras vidas y experiencias. Al comprender los planetas y sus interacciones, podemos comenzar a dar sentido al caos del cosmos y descubrir los secretos de nuestras vidas.

Los elementos y los signos del zodíaco son conceptos importantes dentro de la geomancia. Proporcionan un marco para comprender las energías del cosmos y cómo interactúan entre sí. Al comprender los elementos y los signos del zodíaco, podemos desarrollar una mayor comprensión de nosotros mismos y del mundo que nos rodea.

Las casas geománticas son otra herramienta importante que se puede utilizar para comprender las diferentes áreas de nuestras vidas. La geomancia es una herramienta increíblemente poderosa y perspicaz que se puede utilizar para mejorar nuestra comprensión de la astrología.

En el primer capítulo de esta guía, presentamos los conceptos básicos de la geomancia, incluida su historia y cómo se utiliza para interpretar las energías del cosmos. En el segundo capítulo, exploramos la importancia de los planetas en la geomancia y cómo pueden usarse para comprender nuestras propias vidas y experiencias. El tercer capítulo profundizó en los elementos y signos del zodíaco y cómo interactúan entre sí para crear las energías únicas de cada persona.

En el cuarto capítulo, aprendimos sobre las casas geománticas y cómo se pueden usar para comprender las diferentes áreas de nuestras vidas. El quinto capítulo exploró la importancia de preparar su mente para la geomancia. El sexto capítulo discutió cómo diseñar los puntos para generar una lectura. En el séptimo capítulo, analizamos las diferentes figuras geománticas y cómo se pueden interpretar.

El octavo capítulo cubrió la construcción de un gráfico de escudo, y en el noveno capítulo, generamos una carta astrológica. Finalmente, en el décimo capítulo, exploramos algunos métodos de interpretación que se pueden usar para dar sentido a sus lecturas.

La geomancia es una herramienta poderosa que se puede utilizar para mejorar nuestra comprensión del cosmos y nuestro lugar dentro de él. Al profundizar en la historia, los conceptos y los métodos de esta antigua práctica, podemos desarrollar una mayor comprensión de nosotros mismos, nuestras experiencias y el mundo que nos rodea.

Segunda Parte: Astrología antigua

La guía definitiva de la astrología babilónica, egipcia y helenística y de los signos del zodiaco

Introducción

La astrología es un antiguo campo de estudio que tiene una gran importancia en casi todas las civilizaciones conocidas por el hombre. Nos demos cuenta o no, desempeña un papel fundamental en nuestra vida, afectando e incluso explicando nuestro pasado, presente y futuro. La astrología nos permite comprender mejor quiénes somos y cómo nos ve la gente. Puede ayudarnos a comprender nuestros sueños, aspiraciones, comportamientos, necesidades y emociones. La lectura astrológica puede ayudarnos a elevar numerosos aspectos de la vida. Nos da una idea del tipo de carrera que deberíamos seguir en función de cómo abordamos las relaciones profesionales, nuestro nivel de seguridad financiera, nuestros talentos naturales, etc. La astrología también puede ayudarnos a cultivar relaciones más sanas y sólidas porque nos otorga una comprensión más profunda de lo que esperamos recibir de los demás. Por no mencionar que nos ayuda a comprender las personalidades y comportamientos de quienes nos rodean.

La astrología también se utiliza mucho como forma de adivinación. Muchos confían en los movimientos y colocaciones planetarias para predecir el futuro y evitar posibles contratiempos. No es ninguna sorpresa que tantas personas se sientan fascinadas por el movimiento de los cuerpos celestes, tanto si leen la sección del horóscopo diario en su revista favorita por diversión como si recurren a la astrología en busca de orientación sobre los numerosos aspectos de su vida, incluidos los financieros, los relacionados con su carrera, su bienestar o sus relaciones.

Hace siglos, las ciencias de la astronomía y la astrología iban de la mano, lo que denota aún más la importancia de este método de adivinación. El estudio de la astrología se desarrolló por primera vez en Mesopotamia, de donde acabó llegando a la India y después a Grecia durante el periodo helenístico. Las regiones islámicas adoptaron este estudio como una tradición griega, donde se aprendió en árabe antes de pasar de nuevo a Europa. Los chinos también tenían en gran estima la astrología, donde a cada recién nacido se le entregaba un horóscopo. Los horóscopos también formaban parte del procedimiento habitual cuando una persona tenía que tomar una decisión importante en la vida. Hoy en día, muchas personas siguen creyendo que la astrología influye significativamente en nuestra personalidad.

Al leer este libro, aprenderá todo sobre los orígenes de la astrología y cómo numerosas culturas antiguas y su forma de entenderla influyeron en el sistema astrológico que conocemos hoy en día. En el capítulo final, encontrará instrucciones paso a paso sobre cómo puede fabricar su propio astrolabio. Este libro no solo es interesante, sino que incluye abundante información indispensable. Es perfecto tanto para principiantes como para expertos.

Capítulo 1: Introducción a la astrología antigua

En los últimos 200 años, la astrología ha ganado una renovada popularidad en Occidente. Aunque en muchas partes del mundo se ha seguido concediendo gran importancia a la astrología a lo largo de los siglos, su popularidad ha disminuido desde la Ilustración. Sin embargo, una combinación de interés por el espiritismo y la filosofía de la Nueva Era en el siglo XIX propició el desarrollo de la astrología y su evolución hasta lo que conocemos hoy.

Sin embargo, la astrología es mucho más que la versión moderna que conocemos hoy en día; también existen varias versiones antiguas que aún se practican y que tienen sus propios beneficios. Suponga que alguna vez ha sentido curiosidad por la astrología antigua. En ese caso, está en el lugar adecuado: este libro es la forma perfecta de aprender más sobre la astrología babilónica, helenística y egipcia.

Comprender la astrología moderna

Antes de explorar la astrología antigua, es importante comprender la astrología moderna con más detalle.

Cuando decimos "astrología moderna", generalmente nos referimos a la astrología occidental moderna. Las tradiciones astrológicas china, asiática oriental e hindú son significativamente diferentes y a menudo resultan irreconocibles incluso para los discípulos más fervientes de la astrología occidental moderna.

En general, esta forma de astrología se considera una forma de adivinación y suele basarse en la carta astral de una persona. La carta astral se crea basándose en la hora exacta del nacimiento de una persona y consiste en un gráfico del cielo tal y como aparecía en ese momento exacto.

En la astrología occidental moderna, la distancia entre el Sol y la Tierra es uno de los cálculos astrológicos más importantes. La astrología moderna también hace hincapié en bajo cuál de los 12 signos nace una persona. Esto se determina en función de la fecha de nacimiento de una persona, y los 12 signos son:

- El carnero (Aries)
- El toro (Tauro)
- Los gemelos (Géminis)
- El cangrejo (Cáncer)
- El león (Leo)
- La virgen (Virgo)
- La balanza (Libra)
- El escorpión (Escorpio)
- El centauro (Sagitario)
- La cabra marina (Capricornio)
- El portador de agua (Acuario)
- El pez (Piscis)

Los signos del zodiaco también determinan las 12 divisiones espaciales de la carta astral de una persona. Cuando se analizan, los movimientos y posiciones del Sol, la Luna y otros cuerpos planetarios ayudan a los astrólogos a hacer predicciones.

Sin embargo, cabe señalar que la forma más común de la astrología occidental moderna es una versión más sencilla de las lecturas de la carta astral. Éstas adoptan la forma de horóscopos, que se ocupan únicamente del signo zodiacal bajo el que ha nacido una persona. Esta determinación solo constituye alrededor de 1/12 parte de una carta astral tradicional, que es un análisis mucho más detallado y profundo de la vida y el futuro de una persona.

La popularidad de la astrología entre los esoteristas es tan alta porque no solo influyó en ellos, sino también en los practicantes de la wicca, el hermetismo y otros sistemas de creencias similares. Algunos estudiosos llegaron a afirmar que todos los magos tienen al menos una familiaridad rudimentaria con la astrología. Esta práctica es tan importante como la adivinación con tarot en lo que respecta a la percepción pública de los sistemas mágicos occidentales.

Uno de los elementos más importantes de la astronomía moderna es su capacidad para cambiar y evolucionar con los nuevos descubrimientos. Como descubrirá en este libro, varios planetas eran desconocidos en la época de los antiguos astrólogos, por lo que estas tradiciones no utilizan estos cuerpos planetarios en las lecturas astrológicas. Al mismo tiempo, también es esencial recordar que esto no significa que no merezca la pena profundizar en el conocimiento de la astrología antigua.

Las razones de la popularidad de la astrología moderna

Comprender la popularidad de la astrología moderna puede resultar difícil, especialmente para las personas que no creen en ella. Sin embargo, hay varias razones detrás de este fenómeno.

La respuesta más sencilla a esta pregunta es que la astrología promete respuestas a sus preguntas. Al leer su carta astral, puede encontrar una resolución a preguntas que lleva mucho tiempo planteándose y que pueden haber estado obstaculizando su capacidad para vivir una vida feliz y plena.

Además, la llegada de Internet significa que la astrología es más accesible que nunca. En el pasado, crear una carta astral para un cliente (o para usted mismo) requeriría estar familiarizado con otras materias, como la astronomía y la geometría. Ahora es sencillo crear su propia carta astral con muchas herramientas en línea a su disposición, siempre que disponga de la hora, el lugar y la fecha del nacimiento. Por lo tanto, si está interesado en trabajar como astrólogo, solo necesita saber cómo analizar la carta astral de una persona, no cómo construirla.

Por otra parte, los servicios de astrología son de fácil acceso. Algunas aplicaciones ofrecen lecturas rápidas y breves, y también puede encontrar astrólogos dispuestos a realizar lecturas personalizadas fácilmente en línea. Supongamos que no puede encontrar a alguien que viva cerca de usted y pueda realizar una lectura en persona. En ese caso, puede encontrar con la misma facilidad un astrólogo cualificado que opere a través de Zoom.

Una teoría sostiene que otra de las principales razones del resurgimiento de la popularidad de la astrología y otras prácticas místicas similares es que la gente siente que ya no tiene control sobre su propia vida. La gente ya no se siente más consciente que nunca de cómo las circunstancias ajenas a su control afectan al desarrollo de su vida. La astrología devuelve a la gente cierta sensación de control, ya que puede observar su destino y actuar en consecuencia para asegurarse de evitarlo o encontrarse con él.

La astrología ofrece esencialmente la posibilidad de la autodeterminación y la autointerpretación, lo que también forma parte de la razón por la que es tan popular entre las comunidades marginadas. Por ejemplo, ha encontrado un hogar entre la comunidad LGBTQ, los millennials que temen lo que el futuro depara a su generación y los afectados por grandes acontecimientos como la pandemia del COVID-19 y el movimiento Black Lives Matter (Las vidas negras importan). Estos acontecimientos pueden hacer que muchas personas se sientan desorientadas y se cuestionen su lugar en un mundo cambiante, y la astrología responde a esas preguntas.

Beneficios de la astrología

Si solo está sumergiendo los pies en el vasto estanque que es la astrología, puede que se pregunte cuáles son los beneficios de esta práctica. Esto es especialmente cierto cuando se trata de una forma particular de astrología, como la astrología moderna. Puede que incluso se pregunte por qué debería conocer la astrología moderna antes de adentrarse en las antiguas tradiciones astrológicas. Algunas de las ventajas son:

- Una carta astral detallada puede proporcionarle una hoja de ruta psicológica y una brújula para el resto de su vida, ofreciéndole un sentido de dirección y propósito, especialmente si se siente perdido.
- Se le ofrece una nueva visión del mundo, que le permite ver el mundo que le rodea desde un nuevo ángulo. Esto puede ayudarle a dejar atrás las emociones negativas, como el dolor, el miedo y los traumas, y a avanzar en su viaje por la vida.
- Una lectura de la carta astral puede ayudarle a comprenderse mejor a sí mismo. Le ayuda a reflexionar sobre las circunstancias de su vida y a comprender si hay acciones que debería emprender y oportunidades que ha estado evitando y que

debería aprovechar.
- La astrología puede ayudarle a comprender facetas específicas de su existencia en general. Aparte de las lecturas generales de la carta astral, existen varias ramas de la astrología moderna. Éstas le proporcionan una mejor comprensión de diversas facetas de su vida, incluyendo cómo interactuar con los mercados financieros, los efectos de la astrología en cuestiones médicas, cómo utilizarla para comprender mejor sus relaciones románticas y platónicas, y mucho más.
- Aprender a realizar lecturas astrológicas también le ayudará a comprender mejor a las personas con distintos tipos de personalidad. Esto le permitirá trabajar más eficazmente con la gente que le rodea y le ayudará a adaptarse a sus fortalezas y debilidades. Le convertirá en un mejor amigo, compañero, oyente y confidente.

Comprender la astrología antigua

Hasta ahora, hemos tratado la astrología moderna con gran detalle. Sin embargo, la historia de la astrología es mucho más amplia que la versión que conocemos hoy en día.

La astrología se practicó ampliamente en toda una serie de civilizaciones antiguas. El tipo de astrología que practicaban a menudo difería de un lugar a otro, por eso la astrología china es notablemente diferente de la india, que a su vez es muy distinta de la occidental.

Sin embargo, algunas tradiciones astrológicas estaban conectadas, concretamente, la astrología babilónica, egipcia y helenística. Debido a este hilo conductor, estos tres tipos de astrología se conocen colectivamente como astrología antigua.

Astrología babilónica

La astrología babilónica es la forma más antigua conocida de astrología organizada y se remonta al menos al segundo milenio a. C. Los textos detallados más antiguos sobre astrología babilónica son un conjunto de 32 tablillas que datan aproximadamente del año 1875 a. C.

Los babilonios utilizaban la astrología horoscópica, y estos horóscopos se creaban basándose en la observación de los movimientos estacionales de las estrellas fijas y los planetas conocidos (había cinco planetas conocidos: Júpiter, Venus, Saturno, Mercurio y Marte), el Sol y la Luna.

Creían que las acciones de los dioses influían en la vida de los humanos, lo que tomaba la forma del movimiento de los objetos celestes.

Además de utilizar la astrología como forma de adivinación del futuro, también era una parte importante de la práctica de la medicina astral. Esta práctica implicaba la creación de diferentes remedios para distintos días y fechas.

La astrología también ayudaba a influir en la creación del calendario para el año siguiente, incluyendo cuándo se programaban los festivales y las actividades religiosas importantes.

Astrología egipcia

La astrología egipcia comparte algunas similitudes con la babilónica. En el año 525 a. C., los persas conquistaron Egipto. Durante el siglo I a. C., se inscribió el zodiaco de Dendera como un bajorrelieve en un techo del templo de Hathor en Dendera. Es una de las representaciones antiguas mejor conservadas de las estrellas y los objetos celestes visibles para la gente de la época. Dos signos de este zodiaco - la balanza y el escorpión - son los mismos que en la astrología babilónica y mesopotámica.

Sin embargo, la forma más destacada de la astrología egipcia era la astrología decánica. Esta forma de astrología utiliza 36 grupos de estrellas y constelaciones para dividir el eclipse de 360 grados en 36 partes iguales. Esto dio paso a una división del día en dos mitades de 12 horas. Esto cambiaría a lo largo de las estaciones, con la noche y el día haciéndose más largos y más cortos, el uno en relación con el otro. Los egipcios también lo utilizaban para marcar las divisiones de sus calendarios solares.

Tras la conquista de Egipto por Alejandro Magno en el 332 a. C., la astrología babilónica se combinó con esta forma anterior de astrología decánica para formar el primer tipo de astrología horoscópica. Esta forma de astrología condujo probablemente a la creación del zodiaco de Dendera.

El zodiaco egipcio contaba con 12 signos zodiacales, cada uno basado en un dios o diosa en particular.

Astrología helenística

La astrología helenística es una forma de astrología que se desarrolló por primera vez a finales del siglo II o principios del siglo I a. C. Los textos sobre la misma estaban escritos principalmente en griego o latín, y se practicaba en la cuenca mediterránea y sus alrededores, especialmente en Egipto, Grecia y Roma.

Este tipo de astrología es una tradición de astrología horoscópica que combinaba el zodiaco babilónico con la tradición egipcia de la astrología decánica y el sistema griego de dioses planetarios, los cuatro elementos (tierra, aire, agua y fuego) y el dominio de los signos zodiacales sobre ciertas partes del horóscopo. El creador de esta forma de astronomía es desconocido, pero algunas fuentes lo nombran el legendario sabio Hermes Trismegisto.

Este tipo de astrología fue la primera de las principales tradiciones astrológicas occidentales en centrarse en la carta astral de un individuo. Utilizaba los signos ascendentes y las 12 casas celestes que se siguen utilizando hoy en día. De hecho, la astrología helenística sigue siendo notablemente similar a la astrología moderna, a pesar de los numerosos cambios y evoluciones que ha experimentado esta última.

Astrología antigua frente a astrología moderna

Dado que, como se ha mencionado anteriormente, la astrología helenística es notablemente similar a la astrología moderna, es posible que se pregunte si realmente existen diferencias entre ambas.

La respuesta sencilla es sí, las hay.

Quizá la diferencia más destacada sea el hecho de que los astrólogos antiguos solo hacían uso de cinco planetas (Júpiter, Venus, Saturno, Mercurio y Marte), el Sol y la Luna en sus predicciones. En ocasiones también se les conocía como los siete planetas. Urano, Neptuno y Plutón, que no se pueden ver a simple vista, aún no habían sido descubiertos y no lo serían hasta dentro de más de 1000 años (Urano se descubrió en 1781, Neptuno en 1846 y Plutón en 1930). Estos tres planetas se utilizan en la astrología moderna a pesar de que, comprensiblemente, no existían en las tradiciones antiguas.

Además, la astrología antigua presenta varios modelos teóricos, lo que dificulta su aprendizaje. La astrología moderna es comparativamente más fácil de aprender, sobre todo lo básico.

Por otra parte, la astrología moderna se centra mucho más en la psicología del individuo al que se le hace una lectura. Aunque la astrología antigua también ofrecía lecturas de la carta astral, éstas estaban más dirigidas a explorar cómo le veía la sociedad, su lugar en ella y lo que podía hacer para cambiar ese lugar si lo deseaba.

La astrología moderna suscribe el libre albedrío, y usted puede trascender las tendencias que se ven en su carta astral mediante el trabajo duro. La astrología antigua, sin embargo, tiene una visión mucho más esencialista del individuo y del mundo, y las lecturas se centran más en ayudarle a comprender su lugar en el mundo que en ayudarle a trascender la voluntad del destino.

La forma más fácil de pensar en esta diferencia entre la astrología moderna y la antigua es que, mientras que la astrología moderna se centra en el mundo interior de una persona, la antigua da mucha más importancia al mundo exterior. Esto se ve mejor en la astrología babilónica. Esta forma de astrología antigua se centraba en determinar los acontecimientos que eran de importancia pública y afectaban al bienestar general de la población del estado en general. Los intereses de un individuo carecían generalmente de importancia a la hora de realizar predicciones astrológicas. Tendrían que pasar varios siglos y el desarrollo de la astrología helenística hasta que el horóscopo individual se popularizara realmente.

Por qué debería estudiar astrología antigua

Dadas las diferencias entre la astrología antigua y la moderna, quizá se pregunte si merece la pena estudiar la primera. Después de todo, la astrología moderna ofrece numerosas perspectivas eficaces sobre la carta astral de una persona, y la astrología antigua puede parecer a menudo mucho más difícil y lenta de aprender.

Sin embargo, comprender mejor la astrología antigua tiene sus ventajas. Por un lado, la astrología antigua es esencialmente la historia de la astrología moderna, y comprender la evolución de una a otra le permitirá comprender mejor la astrología moderna.

Al mismo tiempo, hay cambios de la astrología antigua a la moderna que mucha gente considera que afectan negativamente a la forma de analizar los horóscopos. A menudo, se perdieron elementos analíticos importantes debido a la política. Por ejemplo, algunas características clave de la astrología helenística cayeron en desuso no porque fueran ineficaces, sino por las sospechas de que los árabes las habían inventado.

Además, la astrología antigua se centra en una interpretación mucho más realista de la carta astral de un individuo. La astrología moderna tiende a considerar que todas las cartas son igual de afortunadas y cree que todo el mundo tiene las mismas posibilidades de tener éxito en la vida. La astrología antigua es más realista en el sentido de que reconoce que algunas cartas son más afortunadas que otras, lo que permite al astrólogo interpretar la carta en cuestión de un modo que no esté preparando al cliente para la decepción.

La astrología moderna se centra en el yo interno, lo que significa que a menudo puede quedarse atrás a la hora de explorar el impacto de su carta astral en su vida material. Sin embargo, la astrología antigua es consciente de que su vida material es importante y no rehúye explorar tanto los aspectos positivos como los negativos de su carta astral, asegurándose de que está debidamente preparado para el viaje que le espera.

Si espera aprender más sobre la astrología antigua, está en el lugar adecuado. Sólo tiene que seguir leyendo. Este libro cubrirá los tres tipos de astrología antigua (babilónica, egipcia y helenística) con más detalle y le proporcionará una mejor comprensión de sus similitudes y diferencias en comparación con la astrología moderna.

También aprenderá a fabricar su propio astrolabio, que podrá utilizar cuando realice lecturas astrológicas. Los astrolabios eran una herramienta esencial para los astrólogos helenísticos, y tener uno con usted cuando realice sus lecturas le ayudará a llevar su práctica al siguiente nivel. Por último, habrá un glosario extra de términos astrológicos, que le servirá como referencia fácil a la que podrá volver en cualquier momento de su viaje.

Capítulo 2: Las cinco estrellas errantes y las dos luces

Los antiguos griegos fueron una de las pocas culturas que desempeñaron un enorme papel en la configuración de la astrología antigua que allanó el camino a la astrología moderna que conocemos hoy en día. De hecho, muchos de los términos utilizados en astrología tienen origen griego. Por ejemplo, las palabras "planeta" y "estrella" están siempre en primer plano cuando se habla de los signos del zodiaco o de cualquier cosa relacionada con el tema. "Planeta" deriva de la antigua palabra griega planētēs que significa "errante", mientras que "estrella" deriva de la palabra griega astēr.

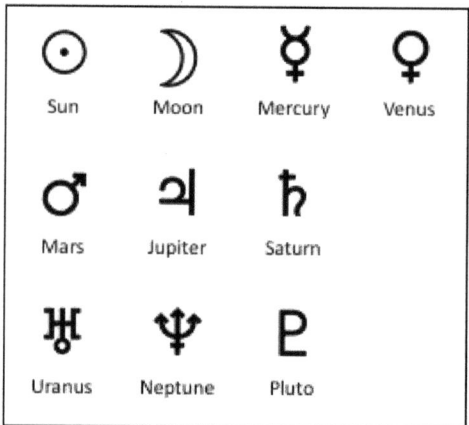

Los símbolos planetarios

Macalves, CC BY-SA 3.0 <https://creativecommons.org/licenses/by-sa/3.0>, via Wikimedia Commons https://commons.wikimedia.org/wiki/File:Planets_symbols.png

Observando el cielo nocturno, los antiguos griegos descubrieron cinco planetas de los ocho que hay en el sistema solar, ya que eran brillantes y estaban lo suficientemente cerca como para ser vistos a simple vista. Se trata de Venus, Mercurio, Júpiter, Marte y Saturno, también conocidos como las "estrellas errantes" o *astēr planētēs*. Los antiguos griegos eligieron el nombre de "estrellas errantes" porque estos planetas se desviaban de su trayectoria, a diferencia de las "estrellas fijas" que aparecen en la misma disposición en el cielo cada noche. El resto de los planetas se descubrieron siglos más tarde, tras la invención del telescopio.

No solo los antiguos griegos estaban fascinados con las "estrellas errantes". También se sabe que los antiguos babilonios registraban los ciclos de estos cinco planetas porque sentían curiosidad por sus posiciones en el cielo, e incluso les asignaban significados. La gente de la antigüedad hacía algo más que estudiar estos cuerpos celestes: también se seguía la pista a la luna y al sol y se observaban sus movimientos. Se referían a ellos como las dos luces o las luminarias, derivado de la palabra latina tardía luminarium, que significa luz.

Los antiguos griegos, babilonios, egipcios, sumerios, indios, chinos y otras culturas antiguas asociaban los planetas con algunos de sus dioses y diosas. Cada una de las cinco estrellas errantes recibió hace miles de años el nombre de una diosa o un dios antiguo, y cada nombre tiene un significado específico y está relacionado con el tipo de energía que proporciona cada planeta.

Los planetas se dividen en dos categorías en astrología: benéficos y maléficos. Los planetas benéficos suelen tener una influencia más positiva en el horóscopo y la carta astral que los maléficos, que suelen tener una influencia negativa o mala. Los planetas benéficos significan que le esperan sorpresas agradables, mientras que los maléficos indican tiempos difíciles. Dicho esto, los términos maléfico y benéfico no tienen una gran influencia en la astrología occidental como en la antigua astrología griega y védica. Sin embargo, familiarizarse con el concepto le ayudará a comprender mejor los tránsitos astrológicos y su carta astral.

Entonces, ¿qué planetas son benéficos? ¿Qué planetas son maléficos? ¿Cuál es el secreto que se esconde tras el nombre de cada planeta? Encontrará las respuestas a estas preguntas y más en este capítulo.

Mercurio

Mercurio es el primer planeta del sistema solar y el más cercano al Sol. Es un planeta pequeño. Es posible que haya oído alguna vez el término "Mercurio retrógrado". Se trata de un fenómeno que se produce cuando los planetas giran hacia atrás alrededor del Sol. Probablemente esté pensando, ¿pueden los planetas orbitar al revés? Pues no exactamente. Los planetas no se mueven al revés per se; se trata más bien de una ilusión óptica que hace que parezca que lo hacen. En realidad, la Tierra gira más rápido al terminar su órbita alrededor del Sol. Como somos nosotros los que nos movemos más rápido, parece que los planetas se mueven hacia atrás cuando se observan desde la Tierra.

Aunque todos los planetas retrogradan, la retrogradación de Mercurio es la más común y discutida. Esto se debe a que el planeta retrograda unas tres o cuatro veces al año, lo que puede afectar negativamente a nuestras vidas. Los astrólogos creen que cuando los planetas retrogradan, podemos sentir su impacto en nosotros mismos y en todos los aspectos de nuestra vida. Dado que Mercurio rige nuestra capacidad de comunicación, es posible que durante días o semanas le cueste encontrar las palabras adecuadas. Incluso puede experimentar discusiones y malentendidos con más frecuencia durante el mismo.

¿Qué deidades se asocian con Mercurio?

Mercurio debe su nombre al mensajero romano de los dioses del mismo nombre, que también era el dios de los mercaderes y los viajeros. A diferencia de la Tierra, Mercurio tarda solo 88 días en girar alrededor del Sol, lo que lo convierte en el planeta solar más rápido. Esto hace que el nombre de Mercurio sea perfecto para este planeta, ya que el dios romano Mercurio tiene alas que lo hacen muy rápido.

El planeta está asociado con el homólogo de Mercurio en la mitología griega, Hermes, que también era el mensajero de los dioses. Mercurio también se asocia con el antiguo dios egipcio Djehuty (o Thoth, como lo llamaban los griegos), que también era el mensajero de los dioses e inventó la escritura y las lenguas. La asociación con el dios Djehuty es acertada, ya que Mercurio rige nuestra capacidad de comunicación y nuestros procesos de pensamiento. El planeta también está asociado con el mensajero babilónico de los dioses Nabu, el dios de la literatura, el escriba y la sabiduría.

¿Es Mercurio benéfico o maléfico?

Mercurio se considera un planeta benéfico.

¿Cómo se conoce a Mercurio?

A Mercurio se le conoce como el reluciente porque es uno de los objetos más brillantes del cielo.

¿Qué hace Mercurio?

Mercurio rige la capacidad de comunicación, el intelecto y la memoria. Es la lente a través de la que usted ve el mundo. Sirve como mensajero, al igual que los dioses con los que está asociado y le ayuda a transmitir sus palabras y pensamientos a los demás. Se puede aprender mucho sobre una persona hablando y comunicándose, por lo que Mercurio puede ayudar a una persona a causar una fuerte primera impresión. Es a través de este planeta como establecemos conexiones con otras personas.

¿Por qué es conocida la energía de Mercurio?

Mercurio representa la energía mental y la inteligencia. También nos ayuda a hacer declaraciones y a decir lo que tenemos en mente. En pocas palabras, la energía de Mercurio nos ayuda a comunicar nuestros pensamientos y sentimientos.

¿En qué signo está exaltado Mercurio?

Virgo.

¿En qué signo está deprimido Mercurio?

Piscis.

Nota: *para comprender mejor lo que significa que un planeta esté exaltado o deprimido, consulte el glosario al final del libro.*

Venus

Venus se encuentra a dos lugares del sol. Es uno de los cuerpos celestes más brillantes del cielo nocturno. El planeta puede verse a simple vista justo antes del amanecer y justo antes de la puesta de sol. Por esta razón, los antiguos egipcios y griegos confundieron Venus con dos planetas. Se referían a uno como la estrella de la mañana y al otro como la estrella de la tarde. No fue hasta el periodo helenístico cuando se descubrió que en realidad era un solo planeta.

¿Qué deidades se asocian con Venus?

Venus era la diosa romana de la belleza y el romance o el amor. A diferencia de todos los demás planetas que llevan el nombre de deidades masculinas, Venus es el único planeta que lleva el nombre de una diosa. En la mitología griega, Venus está asociada a Afrodita, la diosa del amor y la belleza. Su homóloga egipcia Isis es la diosa del amor, la magia, la maternidad y la fertilidad. En la mitología babilónica, el planeta se asocia con la diosa del amor sexual y la guerra, Ishtar.

Al ser uno de los planetas más brillantes y bellos, no es de extrañar que recibiera el nombre de diosas asociadas con el amor y la belleza. Venus también tiene una mística y unos rasgos femeninos.

¿Venus es benéfico o maléfico?

Venus se considera un planeta benéfico, ya que influye positivamente en sus relaciones interpersonales y favorece sus interacciones con las personas de su vida.

¿Cómo se conoce a Venus?

Venus es conocido como el "lucero del alba" o el "lucero del atardecer", como se ha mencionado anteriormente. Como el planeta más brillante del cielo, Venus es conocido por su brillo excepcional debido a que la superficie del planeta refleja la mayor parte de la luz solar hacia el espacio. También es uno de los planetas más cercanos a la Tierra, por lo que es fácil verlo brillar en el cielo. A Venus también se le conoce como el gemelo de la Tierra, ya que se parecen en densidad y tamaño.

¿Qué hace Venus?

Venus rige el amor, la belleza, la adoración, el placer y el lujo. El planeta también nos guía en el acercamiento al amor, el romance, el afecto, las relaciones y los placeres sensuales. Venus se asocia con el encanto, la gracia y nuestro amor por el arte. En pocas palabras, todo lo que nos hace felices, está asociado a este planeta. Es a través de Venus como usted se siente atraído por otras personas y por cosas como un trabajo o un coche. Venus también aporta armonía y paz a su vida.

¿Por qué es conocida la energía de Venus?

La energía de Venus influye en la estética, la creatividad, la moda, el conocimiento, la sabiduría y la energía femenina.

¿En qué signo está exaltado Venus?

Piscis.

¿En qué signo está Venus deprimido?

Virgo.

Marte

Marte es el cuarto planeta desde el Sol y se considera muy cercano a la Tierra. A diferencia del planeta femenino Venus, Marte se asocia con la masculinidad, de donde procede el título del popular libro "Los hombres son de Marte, las mujeres son de Venus".

¿Qué deidades se asocian con Marte?

Marte debe su nombre al dios romano de la guerra, Marte. En la mitología griega, el planeta recibe su nombre del dios griego de la guerra, Ares, que era el marido de Afrodita. Dos lunas rodean a Marte: Deimos, que significa "pavor", y Fobos, que significa "miedo", ambas hijas de Ares, el dios romano. Ares tenía un carro llamado "el carro del terror" que montaba a menudo con sus hijos Deimos y Fobos. En el antiguo Egipto, Marte se llamaba Har Decher, el rojo, mientras que los babilonios lo llamaban Nergal, que significa el dios de la guerra, la muerte, el fuego y la destrucción.

Las culturas antiguas asociaban a Marte con la guerra, la destrucción y el derramamiento de sangre debido al color rojo del planeta, que es el mismo que el de la sangre.

¿Marte es benéfico o maléfico?

Marte es un planeta maléfico. No es ninguna sorpresa tratándose de un planeta asociado a la guerra, la sangre y la muerte. Marte puede interferir con las cosas buenas de su vida añadiendo tensión y negatividad.

¿Cómo se conoce a Marte?

Marte es conocido como el planeta rojo. La razón del color rojo del planeta es que contiene muchas rocas llenas de hierro. Cuando las rocas y la superficie del planeta se exponen a diversos factores meteorológicos, se oxidan y adquieren una especie de color rojo.

¿Qué hace Marte?

Marte rige nuestro instinto de supervivencia, la ira y la agresividad. Este planeta es el que le impulsa a la acción y la aventura y le empuja a levantarse de la cama cada mañana. Marte también se asocia con la atracción, pero difiere de su homólogo más romántico, Venus. Mientras que Venus se centra en establecer conexiones más profundas y románticas, Marte se centra en la atracción física.

¿Por qué es conocida la energía de Marte?

La energía de Marte es la masculinidad y la satisfacción del deseo sexual.

¿En qué signo está exaltado Marte?

Capricornio.

¿En qué signo está Marte deprimido?

Cáncer.

Júpiter

Júpiter es el quinto planeta desde el Sol y el mayor planeta del sistema solar

¿Qué deidades se asocian con Júpiter?

Júpiter recibió su nombre del rey romano de los dioses Júpiter, un nombre que encaja con el planeta más grande del sistema solar. Los griegos llamaron Zeus a Júpiter, su rey de dioses y dios del cielo, y también es uno de los dioses más populares en la época moderna. En el antiguo Egipto, Júpiter estaba asociado al dios del aire Amón, uno de los dioses egipcios más poderosos y primordiales. Los babilonios llamaban Júpiter a su dios principal Marduk. Como planeta más grande del sistema solar, Júpiter está asociado a las deidades más poderosas de cada cultura.

¿Júpiter es benéfico o maléfico?

Júpiter es un planeta benéfico, ya que trae buena fortuna y apoya todos los pasos positivos que dé en su vida.

¿Cómo se conoce a Júpiter?

Júpiter es conocido como el planeta más grande del sistema solar. También es conocido por sus rayas y su Gran Mancha Roja. El planeta está cubierto de espesas nubes de diferentes colores, que a menudo se asemejan a rayas, mientras que su Gran Mancha Roja es el resultado de una gigantesca tormenta giratoria.

¿Qué hace Júpiter?

Júpiter tiene un poderoso impacto en los signos del zodiaco debido a su enorme tamaño. Para empezar, le ayuda a comprenderse mejor a sí mismo y a su personalidad. Se cree que el impacto de Júpiter puede afectar a su vida financiera e incluso puede hacer rica a la gente. El planeta rige la sabiduría, el conocimiento y la dedicación y le ayuda a conectar con su lado espiritual. Júpiter es el planeta de la suerte y puede atraer la buena fortuna y la prosperidad a la vida de alguien. También se asocia con varias cualidades positivas como la esperanza, el honor, la gratitud, las nuevas posibilidades, el crecimiento, la buena voluntad, la misericordia, la generosidad, la tolerancia y el sentido del humor.

¿Cuál es la energía de Júpiter más conocida?

La energía de Júpiter tiene que ver con la compasión, el optimismo, la generosidad y la esperanza. Este planeta puede compararse con un ángel de la guarda que le guía utilizando su energía para llevar una vida más feliz y plena.

¿En qué signo está exaltado Júpiter?

Cáncer.

¿En qué signo está deprimido Júpiter?

Capricornio.

Saturno

Saturno es el segundo en tamaño después de Júpiter y es el sexto planeta desde el Sol.

¿Qué deidades se asocian con Saturno?

Saturno recibió su nombre del dios romano de la riqueza, la agricultura y el tiempo Saturnus, que también es el padre de Júpiter. Los griegos bautizaron este planeta con el nombre de Cronos, que era el más joven de los seis Titanes, el dios del tiempo y el padre de Zeus. Los antiguos egipcios llamaban a Saturno Geb -el dios de la tierra- mientras que los babilonios llamaban Ninurta al dios de la agricultura y la curación. Saturno es el planeta más lento de todas las estrellas errantes; tarda 29 años en orbitar alrededor del Sol. Por esta razón, se cree que fue llamado Saturno y Cronos en honor a los dioses del tiempo tanto en la cultura romana como en la griega.

¿Es Saturno benéfico o maléfico?

Saturno es un planeta maléfico. A muchas personas les persigue su pasado. Puede ser un equipaje que deben llevar constantemente para que se les recuerde lo pesada que es su carga; este equipaje es la presencia de Saturno en su carta astral.

¿Cómo se conoce a Saturno?

Saturno es el segundo planeta más grande del sistema solar después de Júpiter. También es un planeta único debido a los hermosos anillos que lo rodean. Aunque otros planetas tienen anillos como Júpiter, ninguno de ellos puede compararse con los de Saturno. Saturno tiene siete anillos formados por rocas y hielo, y cada anillo orbita el planeta de forma independiente.

Se cree que Saturno no siempre tuvo sus anillos, sino que hace millones de años, tenía una gran luna orbitándolo. Cuanto más rápido se movía esta luna, más se acercaba al planeta hasta que fue arrastrada en dos direcciones diferentes simultáneamente. Esto dio lugar a una enorme explosión, y los restos formaron lo que ahora conocemos como los anillos de Saturno. Los restos siguen cayendo sobre el planeta hacia el espacio hasta el día de hoy. Se cree que seguirán cayendo hasta que los anillos desaparezcan por completo.

¿Qué hace Saturno?

Puede pensar en Saturno como un padre estricto que aporta disciplina, estructura, reglas y obligación a su vida. También nos recuerda constantemente nuestros compromisos y responsabilidades y cómo debemos establecer límites saludables. Rige la sabiduría, la experiencia y el tiempo. El planeta también se asocia con el karma y la sabiduría. Todos podemos beneficiarnos de aprender lecciones en la vida que nos ayuden a crecer. Saturno le ayuda a abrir los ojos a las áreas de su vida en las que necesita trabajar para poder crecer de una vez. Este planeta trata sobre dar pequeños pasos, paciencia y persistencia debido a que es uno de los planetas más lentos.

Como un padre estricto, Saturno le proporcionará amor duro para ayudarle a madurar y a convertirse en la persona que se supone que debe ser. También puede ser una fuerza detrás de usted para ayudarle a enfrentarse a sus miedos. En pocas palabras, Saturno le empujará a salir de su zona de confort para que pueda cambiar, crecer y convertirse en la mejor versión de sí mismo.

¿Por qué es conocida la energía de Saturno?

La energía de Saturno está relacionada con las limitaciones y las restricciones. Sin embargo, no debe ver esta energía de forma negativa. Está destinada a ayudarle a crecer y a ser más sabio y experimentado.

¿En qué signo está exaltado Saturno?

Libra.

¿En qué signo está Saturno deprimido?

Aries.

Las estrellas errantes han sido un tema fascinante desde la antigüedad y hasta nuestros días. Podemos aprender mucho sobre nuestra personalidad siguiendo a estas estrellas y comprendiendo sus posiciones y movimientos. Los antiguos griegos, egipcios y babilonios contribuyeron mucho a la astrología observando los cielos nocturnos. Observar las estrellas y su impacto en su vida puede ayudarle a aprender más sobre lo que cada planeta ofrece a su signo y cómo pueden influir en diversas áreas de su vida.

Capítulo 3: Babilonia; donde nació la astrología

Los orígenes de la astrología se remontan a varios miles de años. Se cree que su lugar de nacimiento fue la ciudad de Babilonia, centro del floreciente sur de Mesopotamia alrededor del año 3500 a. C. Para los babilonios, la ciencia de la astrología estaba entrelazada con la religión. Además, durante este periodo, la astrología aún se equiparaba con la astronomía, que hoy en día es una rama de la ciencia completamente diferente. La mezcla de conceptos eclécticos, creencias babilónicas, teorías e invenciones logró sentar las bases de la astrología moderna. Este capítulo analiza lo que significaba la astrología para los babilonios, cómo la utilizaban en su vida cotidiana y cómo sus creencias siguen afectando a las prácticas contemporáneas.

Astrología babilónica

Los babilonios seguían sistemáticamente las estrellas para descifrar su destino. Sin embargo, a diferencia de la práctica moderna - en la que el destino de una persona está ligado a los diferentes planetas y constelaciones - en Babilonia, el futuro de alguien se basaba en la voluntad de las deidades mesopotámicas. Según las enseñanzas babilónicas, el creador del universo era Marduk, el dios que más tarde se convirtió en el patrón de la ciudad de Babilonia. Se cree que Marduk también fijó el curso de la Luna y dictó todas sus fases. El resto de los planetas y constelaciones representaban a otras deidades del panteón mesopotámico que vagaban por los cielos.

Además de tener costumbres para honrar a sus deidades, los babilonios también desarrollaron una tradición ligada al mapa del cielo. Vivían su vida observando todo lo que les rodeaba y aprendiendo de las enseñanzas de quienes vivieron y descubrieron reglas fundamentales antes que ellos. Sus astrónomos observaban los cambios en el nivel del agua de los ríos y otros sucesos naturales, seguidos de acontecimientos históricos y económicos. Según consta en tablillas de arcilla recuperadas de los hallazgos arqueológicos en el territorio de la antigua Babilonia, los astrónomos de la época tenían las llamadas "vigilancias regulares". Realizaban estas observaciones en lo alto de los zigurats, estructuras elevadas con una terraza abierta construidas precisamente con este fin. A partir de ahí, sabemos que, para ellos, todos los acontecimientos terrestres estaban vinculados a los movimientos del cielo. Utilizaban las constelaciones para formar un calendario de las cosechas y las actividades agrícolas. Esta tradición fue adoptada por los griegos y más tarde por las culturas occidentales.

Es importante señalar que las funciones astrológicas de los objetos celestes no les quitaron su papel de deidades. Sus funciones divinas seguían existiendo, pero la gente aprendió a comprender por qué existían y cómo influían en la vida en la Tierra y, por tanto, podía prepararse para estos efectos actuando en consecuencia. Cada movimiento en el cielo era visto como una forma de las deidades de preparar a la gente para los acontecimientos que tendrían lugar en la Tierra. Dado que Marduk es también una deidad del Sol, las acciones de este dios estaban ligadas en primer lugar a la Tierra. Los babilonios comprendían que el Sol proporciona luz y calor y aumenta la fertilidad del suelo.

De ahí que sea indispensable para la supervivencia de las plantas, los animales y la civilización humana. Por ello, seguir sus movimientos era esencial durante las etapas agrícolas activas como la siembra, la cosecha, la caza, etc. Aunque al principio la Luna era vista como una guía durante la noche, seguirla pronto se convirtió en algo tan fundamental para el éxito de la temporada agrícola. Las estrellas eran vistas como deidades con papeles menos significativos y, por sí solas, rara vez dejaban una impresión mensurable en los astrónomos. Sin embargo, cuando se observaban como una constelación, las estrellas revelaban muchos acontecimientos presentes y futuros para los que los babilonios podían prepararse. Los primeros registros de los astrónomos babilonios no indican una relación directa entre las constelaciones y los acontecimientos terrestres. Sin embargo, señalaron que estas constelaciones podían afectar al impacto de los demás objetos celestes. Los babilonios personificaban los vientos, la subida del nivel de las aguas y otros acontecimientos naturales como dioses porque los consideraban acciones de divinidades. Y tras las observaciones sobre las constelaciones, empezaron a identificar a las estrellas de la misma manera. Una vez más, esto se debió principalmente a la habilidad de los astrónomos babilonios para combinar la religión, la astronomía y la astrología. Aplicando esta compleja red de teorías, formaron un sistema que proporcionaba una conexión entre los astros del universo y los sucesos de la Tierra.

La base tanto del papel rústico como divino de los cambios de constelación se encuentra en las leyes fundamentales de la física y en los cálculos matemáticos utilizados para demostrarlas. Utilizándolas, los babilonios hicieron predicciones precisas sobre los movimientos planetarios, a pesar de la falta de equipos para avistar objetos o calcular sus movimientos, al igual que nosotros en la época moderna.

Sin embargo, existían algunas discrepancias entre la descripción babilónica de los sistemas planetarios y lo que la ciencia moderna ha descubierto desde entonces. Por ejemplo, según los babilonios, los cuerpos celestes se movían en arco. Y como sus astrónomos no comprendían la compleja configuración del sistema solar, creían que este arco era reversible, lo que provocaba que los cuerpos se movieran en lo que hoy se conoce como movimiento retrógrado.

Tras milenios de observaciones y de aprender del éxito variable de sus predicciones, mejoraron esta teoría añadiendo la Luna como otro factor determinante de los movimientos de los demás cuerpos celestes. Aunque no comprendían los movimientos lunares, observaron que la variabilidad de las actividades aumentaba durante la fase de Luna nueva. No obstante, sus observaciones de la Luna condujeron finalmente a la creación y el seguimiento del mes lunar, otra tradición ampliamente aceptada en la astrología moderna. Tras comprender los cambios en la velocidad planetaria, aprendieron a predecir puntos astrológicos conocidos utilizando el mismo principio que la ciencia moderna aplica a las ondas. A partir de esto, los babilonios dedujeron que los movimientos de los demás cuerpos celestes son el resultado del movimiento de la Tierra alrededor del Sol. Aunque esta teoría ha sido refutada desde entonces, dio lugar a diferentes hipótesis sobre el significado de estos acontecimientos. Algunas de ellas se siguen aplicando en los tiempos modernos.

Con el tiempo, los mapeos calculados de los babilonios condujeron a la evolución de un calendario fiable que podía prever los eclipses en el futuro y determinar cuándo ocurrieron en el pasado. Esto les permitió conocer los acontecimientos celestes y terrestres del pasado. A pesar de la complejidad de los cálculos necesarios para ello y de la falta de equipamiento por su parte, los babilonios revelaron los problemas que les pusieron en peligro en el pasado con gran precisión, lo que permitió a las generaciones futuras evitarlos.

Hoy en día, sabemos que nuestro cerebro crea imágenes y predicciones basadas en los estímulos generados en nuestro nervio óptico al observar el mundo que nos rodea. El trabajo de los astrónomos babilonios es, de hecho, uno de los primeros ejemplos de esta teoría. Al combinar las observaciones científicas y la comprensión teórica, contribuyeron enormemente a su próspera sociedad. Cada generación fue capaz de dejar estos conocimientos a las siguientes, capacitándolas para lograr más y aprender más sobre la conexión entre los cuerpos celestes y los sucesos de la Tierra. Esto permitió a la civilización babilónica desarrollar prácticas de cosecha, cultivo y comercio más productivas y dejar tras de sí un legado científico único. La forma babilónica de observar la vida inspiró a filósofos y científicos que vivieron muchos siglos después de su antigua civilización. No solo eso, sino que sus tradiciones unían las creencias religiosas y los conceptos de astronomía y astrología. Y aunque, en los tiempos modernos, no las tres ideas se utilizan juntas en todo momento, todavía encontrará al menos dos de ellas trabajando en tándem. Por ejemplo, las predicciones astrológicas más precisas se siguen haciendo, observando el movimiento de los diferentes planetas y constelaciones, tal y como se hacía en Babilonia.

Signos del zodiaco

Los astrónomos babilonios siguieron y predijeron que las posiciones del Sol, la Luna y los planetas no eran los únicos movimientos celestes. Aunque no hay referencias a las casas astrológicas en las inscripciones cuneiformes babilónicas, existen pruebas claras de que hicieron observaciones sobre los signos zodiacales. Entre los años 1000 a. C. y 500 a. C., los astrónomos registraban las posiciones del Sol, la Luna y todos los demás cuerpos celestes visibles cada vez que observaban en lo alto de un zigurat.

Las descripciones de los 12 signos del zodiaco en la astrología babilónica se derivan de una combinación de ideas religiosas y constelaciones observadas aplicando principios astronómicos. Aunque el término "zodiaco" fue ideado posteriormente por los griegos, los neobabilonios dieron nombre a los signos.

Aries es "El contratado"

Tauro es "Las estrellas"

Géminis es "Los gemelos"

Leo es "El león"

Cáncer es "El cangrejo"

Virgo es "El tallo de cebada"

Libra es "La balanza"

Piscis es "La cola"

Sagitario es "El Pabilsag"

Escorpio es "El escorpión"

Capricornio es "La cabra marina"

Los griegos cambiaron el nombre de las constelaciones en cuanto las adoptaron. Cada signo del zodiaco corresponde a una constelación por la que pasan el Sol y los demás planetas cada mes.

Con algunas excepciones, la dependencia de la nomenclatura astrológica moderna de su antepasado babilónico es innegable, y ello incluso porque, cuando los griegos los adoptaron, los signos del zodiaco solo llegaron a verse como una combinación de estrellas. Tanto la astrología como la astronomía moderna reconocen la importancia de esta dependencia. Al fin y al cabo, sentó las bases para que los científicos modernos desarrollaran teorías sobre las estaciones exactas de todos los cuerpos celestes. Una vez más, el desarrollo de prácticas adivinatorias es solo uno de los propósitos de la observación de las constelaciones. Cada vez más personas descubren la utilidad de seguir los ciclos lunares para mejorar su vida, por no hablar de aprovechar al máximo la energía del Sol a lo largo del año.

Astrolabios

Aparte de los numerosos textos que recogen los conocimientos reunidos por sus eruditos, los babilonios también dejaron tras de sí varios inventos que atestiguan sus avances científicos. Uno de estos inventos fue el *astrolabio*, un aparato aparentemente primitivo que revolucionó la ciencia poco después de su aparición. Este aparato impulsó el desarrollo de ciencias como las matemáticas, la física, la astronomía y la astrología. Los astrolabios son esencialmente los almanaques de los cuerpos celestes. Indican la posición de los planetas con una precisión increíblemente nítida y muchos otros datos que los astrólogos necesitan para navegar entre las estrellas y por debajo de ellas. Dado que los babilonios confiaban en la astrología para predecir el estado del tiempo, los astrolabios eran de gran ayuda durante la temporada agrícola. Además de esta función, los astrolabios eran también una herramienta de navegación fiable. Estas funciones no solo eran esenciales en la época de su invención, sino que siguen inspirando a los fabricantes de artilugios analógicos modernos como los relojes mecánicos con funciones de navegación. Incluso en los tiempos modernos, los astrolabios pueden utilizarse para determinar su ubicación y la hora exacta. También pueden revelar su horóscopo y tomar decisiones sobre su futuro.

El astrolabio original se fabricaba con papiro y constaba de un disco central (o materia) y una pila de elementos deslizantes dispuestos alrededor del disco. Dentro del disco hay una placa con una proyección bidimensional de las líneas de latitud de la Tierra. Sobre ésta hay una placa de forma similar llamada "rete", que ilustra la ubicación de los cuerpos celestes. El rasgo lineal sobre la segunda placa podría alinearse con las mediciones del tiempo en el disco central. En la parte posterior del disco hay un dispositivo diseñado para determinar las altitudes de partida. Esta última se utiliza a menudo como punto de partida, sobre todo para calcular la distancia. Inicialmente, los babilonios solo utilizaban un plato que determinaba la latitud en una zona geográfica. A medida que crecía la popularidad de los astrolabios, se dieron cuenta de que los viajeros a menudo necesitaban ajustarse a diferentes latitudes debido a la diferencia de lugares geográficos que visitaban en sus viajes. Su solución a este problema fue fabricar astrolabios con placas de latitud asociadas a las principales ciudades del mundo.

MUL.APIN

Aunque contiene un texto mucho más breve que la mayoría de sus registros escritos, el *MUL.APIN* es uno de los textos de astronomía más cruciales que dejaron los antiguos babilonios. El documento recibe su nombre de la primera línea del texto, como es habitual en los tratados arqueológicos de la época mesopotámica. Esta primera línea contiene el nombre de la constelación "El Arado", que, hoy en día, se puede identificar buscando alrededor de las constelaciones de Triángulo, Casiopea y Andrómeda.

Existen algo más de 60 copias del MUL.APIN, de las que la más antigua data de alrededor del año 686 a. C., y la más joven de aproximadamente el 300 a. C. Otras pruebas arqueológicas de la misma región sugieren que la mayoría de los datos de las copias más antiguas se han recogido alrededor del año 1000 a. C., o antes. Aunque se han encontrado muchas copias en diferentes lugares geográficos, hay muy pocas variaciones en las 400 líneas de texto que contiene el documento. La ausencia de discrepancias contribuye en gran medida a la estabilidad y fiabilidad de este compendio astrológico. Existen, sin embargo, ligeras diferencias en la complejidad de los textos de cada lista. Esto indica que los datos de las distintas listas se recopilaron a lo largo de cierto tiempo. Por ejemplo, la primera lista contiene textos de baja complejidad, pero a medida que los astrólogos babilonios dedicaban cada vez más tiempo a la observación, la complejidad de los textos comenzó a aumentar lentamente.

En dos tablillas diferentes, MUL.APIN contiene el nombre, la posición y los movimientos de los cuerpos celestes más influyentes, las fechas de culminación, las medidas de las sombras, los patrones meteorológicos y mucha más información basada en el mapa estelar babilónico. La primera tablilla puede ser una herramienta valiosa para quienes deseen reconstruir el mapa original porque incorpora datos sobre la ubicación de varias constelaciones con el calendario y entre sí. Para desvelar el mapa estelar babilónico, tiene a su disposición seis secciones diferentes. En ellas se enumeran las principales estrellas y constelaciones asignadas por tres latitudes diferentes (33, 23 y 15 estrellas, respectivamente), los atributos de las divinidades vinculadas a ellas y las fechas de salida helíaca de muchas estrellas según un año civil de 360 días. La primera tablilla revela una lista de constelaciones y estrellas que se ponen y salen de forma sincrónica, el número de días entre la salida de las que se mueven de forma asincrónica y la lista de objetos que culminan alrededor de la misma hora. Además, encontrará los antepasados babilónicos de los signos del zodiaco como parte del grupo de constelaciones en la trayectoria de la Luna.

Curiosamente, la primera tablilla del MUL.APIN revela un año compuesto de 12 meses como el año civil ideal cuando los babilonios utilizaban calendarios de 13 meses basados en los movimientos de la Luna y el Sol. La diferencia entre el año lunisolar y el año civil ideal puede parecer difícil de comprender, pero no tiene por qué serlo. Suponer que cada mes tiene el número ideal de 30 días hace que un calendario de 12 meses sea mucho más fácil de seguir. En este caso, cada solsticio caería el día 15 de los meses cuarto y décimo, mientras que los equinoccios caerían en los meses primero y séptimo.

La segunda tablilla del MUL.APIN despertó un interés aún mayor tanto para los científicos como para los historiadores. Proporciona una visión completa de la antigua sabiduría de la astrología babilónica, permitiendo a los lectores realizar cálculos para predecir los movimientos del Sol, la Luna y los planetas. También proporciona la capacidad única de rastrear estos acontecimientos y explorarlos en el pasado. Contiene los nombres de todos los cuerpos celestes que recorren el mismo camino que la Luna. A partir de ella, puede saber qué solsticios y equinoccios caen bajo la Luna llena y familiarizarse con los ciclos lunares y solares en general. Puede ver la duración de las noches y los días durante las festividades más importantes y un esquema matemático para calcular la salida de la Luna para cada mes. La tablilla enumera también las estrellas vinculadas a los cuatro vientos direccionales y la fecha en la que el Sol se sitúa en una de las tres trayectorias estelares descritas en la primera tablilla. Hay una fecha aproximada en la que cada planeta es visible y algunas recomendaciones sobre el uso de todo lo mencionado anteriormente en el texto.

Por último, pero no por ello menos importante, esta tablilla también revela una lista de presagios astrológicos. Dado que los presagios desempeñaban un papel fundamental en los sistemas de creencias mesopotámicos, se decía que eran mensajes procedentes directamente de sus deidades. Los babilonios ponían mucho énfasis en mantenerse a favor de los dioses. Crearon los presagios para relacionarse con sus dioses y comunicarse con ellos. Utilizaban los presagios durante los rituales y las ofrendas o como vínculo celestial con otro planeta. Los planetas son la representación física y astrológica de los dioses, lo que significa que desempeñan un papel importante en la aparición de los presagios. Entender cómo funcionan los presagios y cómo descifrarlos puede servir como herramienta de adivinación incluso en los tiempos modernos. Esto se aplica especialmente si busca información específica sobre futuros acontecimientos astrológicos. Sin embargo, como la información de esta lista parece incompleta, esto puede implicar la existencia de una tercera tablilla, que aún no se ha encontrado. Hay dos formatos diferentes para los presagios enumerados en esta tablilla. Uno indica la ocurrencia, mientras que el otro implica la aparición de presagios. El primero sugiere que un presagio puede ocurrir en cualquier momento. Mientras que el segundo significa que el presagio aparecerá en un momento concreto.

Capítulo 4: La astrología egipcia y los decanatos

Nadie puede negar el impacto de los antiguos egipcios en diversos campos como las matemáticas, la escritura, la arquitectura, la medicina y la astrología. No solo estaban interesados o fascinados por la astrología. También desempeñaba un papel importante en su vida cotidiana. Creían que sus deidades se les aparecían bajo diversas formas, y cada uno de sus dioses y diosas estaba asociado a una estrella o a un planeta. Según la mitología egipcia antigua, Thot, el dios de la luna, la escritura y el aprendizaje (Hermes en la mitología griega), enseñaba diversas materias, incluida la astrología, a sus sacerdotes y discípulos. También se cree que escribió cuatro libros sobre astrología y talló enseñanzas mágicas sobre los cuerpos celestes en las paredes de los templos.

Los antiguos egipcios creían que todo lo que ocurriera en el cosmos podía influir en la vida de cada persona y provocar cambios ambientales. Por esta razón, los sacerdotes de los templos prestaban mucha atención a la astrología observando las estrellas, sus movimientos y sus posiciones. Diseñaron sus templos para ayudarles a vigilar las estrellas incorporando arcos en los techos de los templos para que se parecieran a los cielos. Para sus rituales, los sacerdotes de los templos solo los programaban y realizaban durante las actividades planetarias.

Durante la antigüedad, la astrología era aun relativamente nueva, por lo que no existía el astrólogo. Los antiguos egipcios creían que la astrología era divina, por lo que los sacerdotes de los templos eran los únicos que actuaban como astrólogos en aquella época. Anotaban toda la información que obtenían del seguimiento de las estrellas para comprender mejor cómo el cosmos puede afectar a la personalidad y al estado de ánimo de alguien. Los antiguos egipcios se inspiraron en cómo los griegos designaban sus signos zodiacales y decidieron hacer lo mismo aplicándolo a sus dioses.

Los antiguos egipcios daban mucha importancia a la astrología y creían que los movimientos de los astros podían ayudarles a predecir catástrofes como inundaciones y hambrunas; incluso la utilizaban para determinar el mejor momento para plantar sus cosechas. A diferencia de cómo la gente utiliza hoy en día la astrología, los antiguos egipcios se la tomaban muy en serio. La consideraban sagrada y que les había sido dada por los dioses. La astrología no solo se utilizaba para las predicciones, sino también en diversos ámbitos de sus vidas. Por ejemplo, la astrología desempeñaba un gran papel en la medicina y ayudaba a tratar a las personas con diversas enfermedades.

Los antiguos egipcios también utilizaban un calendario. El calendario gregoriano que utilizamos ahora es bastante similar al antiguo calendario egipcio, ya que ambos se consideran calendarios solares. Dicho esto, existen algunas diferencias. Ambos calendarios tienen 365 días al año; sin embargo, solo hay tres estaciones al año, y cada estación consta de 120 días. Probablemente se haya dado cuenta de que aún quedan cinco días en el año. Los antiguos egipcios añadían un mes extra por estos cinco días, pero este mes no se consideraba parte del año. También había 12 meses, como en el calendario gregoriano, que recibían el nombre de sus fiestas principales o estaban numerados dentro de cada estación.

Las semanas también eran diferentes en el antiguo calendario egipcio; cada semana tenía diez días en lugar de siete, con solo tres semanas al mes. La semana de diez días se denominaba "decanato" y había 36 decanatos al año. Los dos últimos días de cada decanato (semana) eran como un fin de semana en el que los artesanos reales se tomaban tiempo libre.

La astrología del antiguo Egipto frente a la astrología babilónica

Como ya se ha mencionado, se cree que los babilonios fueron quienes inventaron la astrología, por lo que tiene sentido que influyeran enormemente en los antiguos egipcios. La cultura babilónica influyó en la astrología del antiguo Egipto de varias maneras. Para empezar, para calcular la posición de Mercurio en el cielo, los antiguos egipcios utilizaban métodos babilónicos. Alrededor del año 330 a. C., Egipto fue conquistado por Alejandro Magno, que creó entonces la ciudad de Alejandría, que sigue en pie hoy en día. Alejandría fue la cuna de los signos del zodiaco egipcio al integrar la astrología decánica con la astrología griega babilónica.

Sin embargo, los antiguos egipcios consiguieron diferenciarse de los babilonios al crear los "decanatos", que desempeñaron un gran papel al dividir el día en 24 horas frente a los babilonios, que lo dividían en 12 horas. Ambas culturas consiguieron destacar con creaciones originales y únicas. Los babilonios fueron los que crearon el calendario, mientras que los antiguos egipcios crearon el "decanato" y más tarde lo aplicaron al zodiaco.

Al dividir las estrellas en constelaciones y crear lo que hoy se conoce como signos del zodiaco, los babilonios influyeron en muchas culturas como la griega y la de los antiguos egipcios.

El antiguo Egipto y la astrología moderna

Los antiguos egipcios han influido en la astrología moderna porque fueron una de las primeras civilizaciones en dividir el año en 365 días y el día en 24 horas. Los signos del zodiaco eran diferentes en Egipto, ya que no les interesaban las 12 constelaciones desarrolladas por los griegos. En su lugar, optaron por los "decanatos" y dividieron la constelación en 36 pequeños grupos. Esto hizo que sus signos zodiacales fueran bastante diferentes de los que utilizamos hoy en día. En los próximos capítulos hablaremos en detalle de los signos del zodiaco del antiguo Egipto.

Decanatos

Hemos mencionado los "decanatos" unas cuantas veces en este capítulo, y ahora probablemente le quede una pregunta, ¿qué son los decanatos? Como sabe, los signos del zodiaco se dividen en 12 constelaciones, cada una de las cuales incluye diversas características para las personas que comparten los mismos signos. Sin embargo, ¿todas las personas que comparten el mismo signo tienen exactamente las mismas cualidades? Si echa un vistazo a las características y rasgos de su signo, probablemente encontrará un par o más que no se aplican a usted. Es posible que haya conocido a personas nacidas bajo su signo zodiacal, pero que no tienen nada en común con usted. Los decanatos responden a la pregunta de por qué dos personas nacidas bajo el mismo signo zodiacal no comparten necesariamente los mismos rasgos de personalidad, aficiones, gustos, aversiones o hábitos.

Los decanatos subdividen cada signo zodiacal sin afectar a ninguno de los rasgos de personalidad de los signos. Ayuda a arrojar luz sobre distintos factores de un signo. Cada signo zodiacal tiene tres decanatos que lo dividen en incrementos de diez grados para ayudar a desglosar sus rasgos de personalidad. Al igual que un planeta rige cada signo zodiacal, cada decanato también tiene un regente planetario que actúa como subregente del signo zodiacal. Cada planeta subregente proporcionará cualidades únicas para cada decanato que le ayudarán a conocerse mejor a sí mismo. En otras palabras, los signos del zodiaco dan más bien una idea general, mientras que los decanatos acotan las cualidades con la ayuda de los planetas subregentes, por lo que son más específicos para las personas nacidas en la primera, segunda o última decena de un signo. Sin embargo, las personas nacidas en los diez primeros días de cualquier signo suelen encarnar las cualidades y rasgos de personalidad del signo porque su planeta subregente y el planeta regente del signo son el mismo.

Esto no afecta en absoluto al signo en el que nació. Por ejemplo, si es usted Libra, seguirá siendo Libra; solo tendrá un decanato que le ayudará a comprender mejor su personalidad.

Los decanatos fueron creados por los antiguos egipcios; este invento hizo que la astrología egipcia se diferenciara de la de otras civilizaciones. Los griegos se inspiraron en ellos y crearon su propio decanato; lo llamaron "decanatoi", que significa *diez días de diferencia.*

Para conocer su decanato, primero debe encontrar su grado. Cada persona tiene su propio grado único, y puede encontrarlo en su carta astral. Sin embargo, puede averiguar su decanato por sí mismo. Cada signo dura aproximadamente 30 días, y el primero representa los diez primeros días. El segundo y el tercero son para los diez siguientes y los diez posteriores, respectivamente.

Los decanatos deben tener el mismo elemento que el signo al que están asignados. Por ejemplo, un signo de aire solo debe tener decanatos de aire, no de agua, fuego o tierra. Los decanatos también se disponen en orden, es decir, el primer decanato se aplica a los diez primeros grados de un signo, el segundo a los diez segundos, y así sucesivamente. Cuando entienda los decanatos, por fin tendrá sentido por qué dos personas nacidas bajo el mismo signo tienen características diferentes; incluso pueden ser opuestas, ya que cada una tiene un decanato distinto.

Como ya se ha mencionado, si ha nacido en los diez primeros días, le resultará fácil encontrar su decanato porque su regente del subplaneta es el mismo que el regente de su signo. Sin embargo, supongamos que ha nacido en el segundo o tercer decanato. En ese caso, puede seguir el Orden Caldeo o las Triplicidades Elementales, considerado un método más moderno.

El Orden Caldeo

Se cree que el Orden Caldeo es el primer y más antiguo método creado para ayudar a las personas a encontrar sus decanatos. Este método solo utiliza las cinco estrellas errantes y dos luces, el Sol y la Luna. A cada signo del zodiaco se le asignan tres planetas (uno por cada decanato). Suelen ordenarse según su Orden Caldeo, que es del más lento al más rápido, y cada planeta sirve como primer, segundo y tercer decanato.

- **Aries:** Marte, Sol y Venus
- **Tauro:** Mercurio, la Luna y Saturno
- **Géminis:** Júpiter, Marte y el Sol
- **Cáncer:** Venus, Mercurio y la Luna Venus, Mercurio y la Luna
- **Leo:** Saturno, Júpiter y Marte
- **Virgo:** Sol, Venus y Mercurio
- **Libra:** Luna, Saturno y Júpiter
- **Escorpio:** Marte, Sol y Venus
- **Sagitario:** Mercurio, la Luna y Saturno
- **Capricornio:** Júpiter, Marte y el Sol
- **Acuario:** Venus, Mercurio y la Luna
- **Piscis:** Saturno, Júpiter y Marte

Las Triplicidades Elementales

Las Triplicidades Elementales son una forma moderna de ayudarle a averiguar su decanato. Divide los signos del zodiaco en tres según sus elementos: aire, fuego, agua y tierra. Este método es bastante diferente del Orden Caldeo. Como se ha mencionado, el primer decanato tiene el mismo planeta subregente que el planeta regente del signo. A continuación, puede pasar al segundo y tercer decanato y a las posiciones de los elementos asociados. Esto puede parecer confuso, pero es mucho más sencillo de lo que cree.

Para ayudarle a entender mejor cómo funciona, eche un vistazo a cada signo, su elemento y su planeta regente.

Signos de aire
- Géminis regido por Mercurio
- Libra regido por Venus
- Acuario regido por Urano

Signos de fuego
- Aries regido por Marte
- Leo regido por el sol
- Sagitario regido por Júpiter

Signos de agua
- Cáncer regido por la luna
- Escorpio regido por Plutón
- Piscis regido por Neptuno

Signos de tierra
- Tauro regido por Venus
- Virgo regido por Mercurio
- Capricornio regido por Saturno

Para aclarar las cosas, si ha nacido bajo Géminis y quiere averiguar su decanato, los primeros días del signo están regidos por Mercurio, el subregente. Los segundos diez días tendrán a Venus como decanato, ya que Libra es el segundo planeta de esta triplicidad, mientras que los últimos diez días tendrán a Urano como decanato, ya que Acuario es el tercer signo del elemento.

Este método es muy popular en Occidente y se utiliza desde el siglo XX. Sin embargo, los astrólogos indios lo han estado utilizando desde mucho antes.

Los decanatos han demostrado sobrevivir a la prueba del tiempo, ya que los astrólogos y las personas prefieren utilizarlos para comprender sus puntos débiles, sus puntos fuertes y su potencial. También puede conocer su decanato para comprender las distintas capas de su personalidad. Si los métodos aquí mencionados le parecen complicados, sobre todo si es principiante, también le ayudaremos a encontrar su decanato y algunos de sus rasgos de personalidad.

Encuentre su decanato

Aries (del 21 de marzo al 19 de abril)

- El primer decanato va del 21 al 30 de marzo. Es un decanato de Aries y está regido por Marte. Las personas nacidas bajo el primer decanato se consideran "Aries puros" que encarnan las características del signo y de su planeta regente. Son personas enérgicas, apasionadas, ambiciosas, competitivas, independientes, aventureras y seguras de sí mismas, con una inocencia infantil.
- El segundo decanato va del 30 de marzo al 9 de abril. Es un decanato Leo con el Sol como su subregente. Las personas nacidas bajo este decanato viven según sus principios y son muy nobles. Tienen una voluntad fuerte, están centradas y se aferran a sus objetivos y ambiciones pase lo que pase. Sin embargo, con el ego de Leo y la santurronería de los Aries, las personas nacidas bajo este decanato pueden parecer engreídas.
- El tercer decanato va del 10 al 19 de abril. Se trata de un decanato de Sagitario con Júpiter como su subregente. Son personas independientes, intelectuales, abiertas, optimistas e individuales.

Tauro (del 20 de abril al 20 de mayo)

- El primer decanato va del 20 de abril al 29 de abril. Se trata de un decanato de Tauro regido por Venus. A estos individuos les encanta vivir con lujos y disfrutan con las cosas bellas que despiertan sus cinco sentidos. También son estables, decididos y pacíficos.
- El segundo decanato va del 30 de abril al 9 de mayo. Se trata de un decanato de Virgo con Mercurio como su subregente. Estas personas son increíblemente encantadoras y pueden resultar hipnotizantes con su forma de hablar y su tono de voz. Son más agraciadas que las personas nacidas bajo el primer decanato y pueden ser un poco tímidas.
- El tercer decanato va del 10 al 19 de mayo. Se trata de un decanato de Capricornio con Saturno como su subregente. Son constantes, leales y tienen un gran sentido del humor. Son extremadamente disciplinados y pueden parecer serios hasta que se les llega a conocer.

Géminis (del 21 de mayo al 20 de junio)

- El primer decanato va del 22 al 31 de mayo. Es un decanato de Géminis regido por Mercurio. Son curiosos, inteligentes, sociables, ingeniosos y siempre están dispuestos a mantener conversaciones interesantes.
- El segundo decanato va del 1 al 10 de junio. Se trata de un decanato de Libra con la Luna como su subregente. Son amantes de la belleza, disfrutan con las conversaciones profundas y son muy sensuales.
- El tercer decanato va del 11 al 21 de junio. Se trata de un decanato de Acuario con Urano como su subregente. Son rebeldes, independientes, amistosos y sociables.

Cáncer (del 21 de junio al 22 de julio)

- El primer decanato va del 22 de junio al 1 de julio. Se trata de un decanato de Cáncer regido por la Luna. Los individuos bajo este decanato son cariñosos, sensibles, compasivos, enérgicos y atentos, pero pueden ser muy celosos.
- El segundo decanato va del 2 al 12 de julio. Se trata de un decano Escorpio con Plutón como regente. Son dadivosos y tienen grandes instintos, por lo que destacan como terapeutas o detectives.
- El tercer decanato va del 13 al 22 de julio. Se trata de un decano Piscis con Neptuno como su subregente. Son individuos extremadamente sensibles que anteponen las necesidades de los demás a las suyas propias.

Leo (del 23 de julio al 22 de agosto)

- El primer decanato va del 23 de julio al 1 de agosto. Se trata de un decanato Leo y está regido por el Sol. Las personas nacidas bajo este decanato son independientes, cálidas y enérgicas, pero tienden a buscar la aprobación de los demás.
- El segundo decanato va del 2 al 11 de agosto. Se trata de un decanato Sagitario con Júpiter como su subregente. Son arriesgados, aventureros y más divertidos que un Leo típico.
- El tercer decanato va del 12 al 22 de agosto. Se trata de un decanato de Aries con Marte como su subregente. Son ambiciosos, honestos, optimistas y de buen corazón, pero pueden ser extremadamente testarudos.

Virgo (del 23 de agosto al 22 de septiembre)

- El primer decanato va del 23 de agosto al 1 de septiembre. Se trata de un decanato de Virgo regido por Mercurio. Estos individuos son puntuales, organizados y detallistas.
- El segundo decanato va del 2 al 11 de septiembre. Se trata de un decano de Capricornio regido por Saturno. Son responsables, decididos, trabajadores, buenos con el dinero y ambiciosos, pero carecen de flexibilidad.
- El tercer decanato va del 12 al 22 de septiembre. Se trata de un decano Tauro con Venus como su subregente. Son reservados, constantes y tranquilos y tienen un sentido del estilo impecable.

Libra (del 23 de septiembre al 22 de octubre)

- El primer decanato va del 23 de septiembre al 2 de octubre. Este es un decanato de Libra regido por Venus; son extremadamente románticos y disfrutan de las cosas buenas de la vida.
- El segundo decanato va del 4 al 12 de octubre. Éste es un decanato de Acuario con Urano como su subregente. Son inventivos y sociables, y se preocupan por los demás.
- El tercer decanato va del 13 al 22 de octubre. Se trata de un decanato de Géminis con Mercurio como su subregente. Tienen grandes dotes de comunicación y se les considera sociables, intuitivos y extremadamente encantadores.

Escorpio (del 23 de octubre al 21 de noviembre)

- El primer decanato va del 23 de octubre al 1 de noviembre. Se trata de un decano Escorpio regido por Plutón. Estas personas son apasionadas, intensas, seductoras y calculadoras.
- El segundo decanato va del 2 de noviembre al 11 de noviembre. Éste es un decanato de Piscis con Neptuno como su subregente. Son misteriosos, auténticos y creativos, con una gran imaginación.
- El tercer decanato va del 12 al 21 de noviembre. Se trata de un decanato de Cáncer con la Luna como su subregente. Estas personas son cuidadoras sensibles y rara vez se comprometen.

Sagitario (del 22 de noviembre al 21 de diciembre)

- El primer decanato va del 22 de noviembre al 1 de diciembre. Es el decano de Sagitario y está regido por Júpiter. Son personas de

espíritu libre, optimistas, aventureras e inconformistas.
- El segundo decanato va del 2 al 11 de diciembre. Se trata de un decanato de Aries con Marte como su subregente. Son seguros de sí mismos, valientes, testarudos y siempre buscan un nuevo reto.
- El tercer decanato va del 12 al 21 de diciembre. Se trata de un decano Leo con el Sol como su regente solar. Estas personas son carismáticas y enérgicas, pero pueden ser bastante impulsivas.

Capricornio (del 22 de diciembre al 19 de enero)
- El primer decanato va del 2 al 31 de diciembre. Se trata de un decanato de Capricornio regido por Saturno. Son ambiciosos, seguros de sí mismos, prácticos, realistas y disciplinados, con un gran sentido del humor.
- El segundo decanato va del 1 al 10 de enero. Se trata de un decanato de Tauro con Venus como su subregente. Son románticos, sensuales, trabajadores y disfrutan de las cosas buenas de la vida.
- El tercer decanato va del 11 al 19 de enero. Es un decanato de Virgo con Mercurio como regente solar. Son ambiciosos, organizados e inteligentes.

Acuario (del 20 de enero al 18 de febrero)
- El primer decanato va del 20 al 29 de enero. Es un decanato de Acuario y está regido por Urano. Son perspicaces, razonables, librepensadores e inconformistas.
- El segundo decanato va del 30 de enero al 8 de febrero. Es un decanato de Géminis y está subregido por Mercurio. Son parlanchines, brillantes e intelectuales.
- El tercer decanato va del 9 al 18 de febrero. Este es un decanato de Libra con Venus como su subregente. Son agraciados, sociables y simpáticos. Les interesan todos los placeres que ofrece la vida, especialmente el romance.

Piscis (del 19 de febrero al 20 de marzo)
- El primer decanato va del 19 de febrero al 28 de febrero. Se trata de un decano Piscis y está regido por Neptuno. Estas personas son intuitivas, creativas y las menos egoístas que jamás conocerá.

- El segundo decanato va del 1 al 10 de marzo. Se trata de un decanato de Cáncer regido por la Luna. Son extremadamente sensibles, dulces y leales.
- El tercer decanato va del 11 al 20 de marzo. Se trata de un decanato de Escorpio con Plutón como su subregente. Estas personas son calculadoras, misteriosas, espirituales y pueden ser propensas a los celos.

Como se desprende de la invención de los decanatos, los antiguos egipcios aportaron mucho al mundo de la astrología. Los antiguos egipcios también dividieron el día en 24 horas y el año en 365 días. Sin embargo, sus aportaciones no acaban aquí. También están los antiguos signos astrológicos egipcios, de los que hablaremos en el próximo capítulo.

Capítulo 5: Los signos del zodiaco egipcio

Hemos hablado en los capítulos anteriores de cómo los sacerdotes ejercían de astrólogos vigilando los movimientos de los astros. Sin embargo, cuando los científicos compararon los primeros descubrimientos y predicciones del antiguo Egipto con los de periodos dinásticos posteriores (cuando la antigua Grecia ejerció una gran influencia sobre Egipto), encontraron una enorme diferencia entre ambos que suscitó un acalorado debate entre los científicos.

Los signos del zodiaco del antiguo Egipto son un tema muy candente entre los historiadores, ya que algunos creen que los antiguos egipcios crearon su propia versión de un horóscopo, mientras que otros opinan que no hay nada que demuestre que tuvieran algún interés por las constelaciones zodiacales. Sin embargo, cuando la civilización griega dominó a los antiguos egipcios, se descubrieron pruebas de signos y constelaciones zodiacales más adelante en la historia.

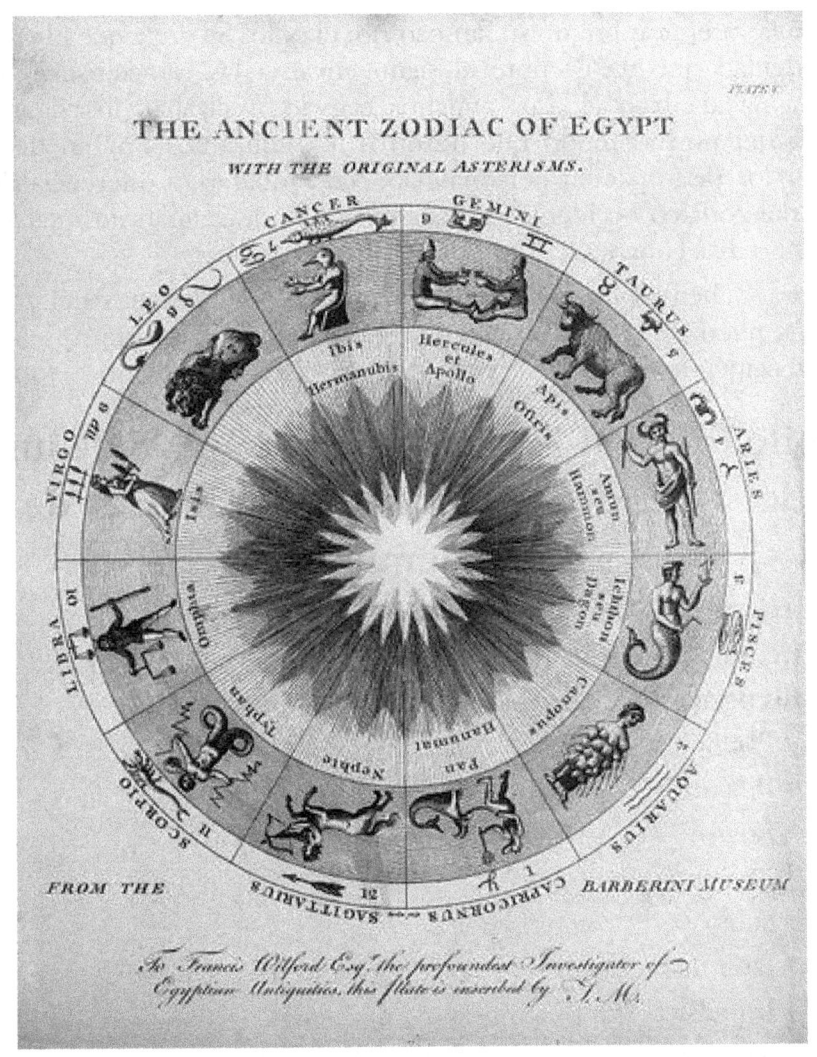

El antiguo zodiaco egipcio
*Inigo. Barlow; Thomas Maurice (1754-1824); F Wilford Attribution 4.0 International (CC BY 4.0)
<https://creativecommons.org/licenses/by/4.0/> https://www.lookandlearn.com/history-images/YW024914V/Astronomy-the-twelve-signs-of-the-zodiac*

Signos del zodiaco de los antiguos egipcios

Aunque los signos del zodiaco occidentales son muy populares, no son los únicos que existen. Otras culturas antiguas de todo el mundo han creado sus propios signos del zodiaco, incluidos los antiguos egipcios. Al igual que el zodiaco occidental, los antiguos egipcios también crearon 12 signos con el nombre de una de sus deidades. Sin embargo, solo un signo del zodiaco lleva el nombre de su famoso río, el Nilo. Se creía que el carácter de la deidad que da nombre al signo encarna las características de la persona nacida bajo él. Los antiguos egipcios utilizaban los signos del zodiaco del mismo modo que nosotros los utilizamos hoy en día para conocer los rasgos de su personalidad. Sin embargo, a diferencia de los signos del zodiaco occidentales, los egipcios no asignaban un mes a cada signo, sino días concretos.

Ahora, echemos un vistazo a cada uno de los 12 signos del zodiaco para que pueda aprender más sobre usted mismo a partir de su signo del zodiaco egipcio.

El Nilo (del 1 al 7 de enero, del 19 al 28 de junio, del 1 al 7 de septiembre y del 18 al 26 de noviembre)

Signo occidental

Capricornio

Rasgos positivos y negativos

- Pacífico
- Práctico
- Lógico
- Perspicaz
- Sabio
- Dominante
- Impulsivo

Planetas regentes

Urano y la Luna

Animal

El antílope

Dios

Este es el único signo que no lleva el nombre de un dios. El Nilo es una importante masa de agua para los egipcios. Tenían al río en gran estima y lo consideraban fuente de vida y vital para su supervivencia. Algunos egipcios lo consideraban una deidad, lo adoraban y le rezaban cuando necesitaban algo. Hoy en día, los egipcios modernos siguen considerando el Nilo su fuente de vida.

Más compatible con

Seth y Amón-Ra

Rasgos de personalidad

Las personas nacidas bajo este signo son conocidas por ser muy apasionadas y pacíficas. No hay nada que odien más que perder una oportunidad y prefieren actuar ahora que arrepentirse después. Les disgustan los conflictos y pueden hacer que los demás se sientan tranquilos y en paz siempre que están cerca de ellos. Se les considera individuos muy sabios, muy inteligentes y con una gran capacidad de observación y comunicación. Hacer amigos resulta fácil para este signo debido a su personalidad servicial, desinteresada y dadivosa. Les encantan las cosas buenas de la vida y esperan llegar a ser ricos algún día. Estas personas también son prácticas, precavidas y pacientes. Son extremadamente adaptables, lo que les hace aptos para diversas profesiones.

Por otro lado, las personas nacidas bajo el signo del Nilo pueden ser impulsivas y propensas a tener arrebatos emocionales de vez en cuando. Suelen obsesionarse con los detalles, lo que les pone nerviosos y perturba su paz interior. Pueden ser un poco temperamentales y pasar de estar tranquilos y calmados a enfadados e irracionales.

Amón-Ra (del 8 al 21 de enero y del 1 al 11 de febrero)

Signo occidental

Tauro

Rasgos positivos y negativos

- Servicial
- Generoso
- Poderoso
- Exitoso
- Reservado

Planetas regentes

Saturno y el Sol

Animal

El carnero

Dios

Amón-Ra es el rey de todos los dioses; creó el universo y a toda la humanidad. Se cree que dio a la gente la capacidad de crear cosas de la nada.

Más compatible con

Horus y el Nilo

Rasgos de personalidad

Las personas nacidas bajo este signo son optimistas y tienen talento. El liderazgo les resulta natural porque son dignos de confianza. Son muy intuitivos, una cualidad que utilizan para solucionar cualquier problema al que se enfrentan. Nunca dirían que no a nadie que les pidiera ayuda, ya que son personas generosas que están encantadas de echar una mano. Son líderes fuertes, muy seguros de sí mismos y mantienen el control pase lo que pase a su alrededor. Tienen mucha clase; incluso puede llegar a confundirlos con la realeza. Algunas de las personas más felices que jamás conocerá han nacido bajo este signo; las encontrará siempre optimistas y con una sonrisa en la cara. Son individuos muy afortunados que siempre encuentran el éxito. Son perfectos para trabajos como oradores motivacionales, consejeros o entrenadores de vida porque los demás los encuentran inspiradores y acuden a ellos en busca de consejo. Saben escuchar, son inteligentes y saben tomar decisiones, cualidades que les hacen aptos para puestos de liderazgo como gerentes o directores generales.

Por otro lado, están tan centradas en su carrera y en ayudar a los demás que pueden descuidar su vida familiar. Por esta razón, puede que no se sientan inclinados a formar una familia. Obstinados y con un ego enorme, no hay vuelta atrás una vez que se deciden. No escucharán los consejos de nadie porque pueden ser inflexibles.

Mut (del 22 al 31 de enero y del 8 al 22 de septiembre)

Signo occidental

Escorpio

Rasgos positivos y negativos
- Trabajador
- Atento
- Irónico
- Antipático
- Malhumorado

Planeta regente
El Sol

Animal
El buitre

Dios
Mut es una divinidad femenina. Es la diosa del cielo y se la considera la madre de toda la humanidad y la encargada de protegerla.

Más compatible con
Toth y Amón-Ra

Rasgos de personalidad
Puesto que Mut es una diosa madre, los individuos nacidos bajo este signo son conocidos por ser cariñosos y muy protectores con las personas de su vida. Sin embargo, también necesitan sentirse protegidos y siempre buscan a alguien que pueda actuar como un padre y cuidar de ellos. Como resultado de su naturaleza nutritiva, también pueden ser grandes padres y modelos que seguir. Solo se abren a las personas más cercanas y mantienen sus pensamientos y sentimientos ocultos a todos los demás. Son muy tímidos por naturaleza, sobre todo en las nuevas relaciones, pero una vez que los conozca, verá lo generosos y sabios que son. Serios y comprometidos en las relaciones, pueden ser grandes compañeros. Están orientados a los objetivos y saben exactamente lo que quieren de la vida. Centrados y decididos, harán lo que sea necesario para alcanzar sus objetivos. Suelen atraer a la gente porque son encantadores y saben escuchar.

En cuanto a sus rasgos negativos, las personas nacidas bajo el signo de Mut pueden implicarse demasiado en sus relaciones. Como están muy comprometidos, suelen esperar que su relación dure y, cuando no es así, se sienten muy decepcionados. Son propensos a largos episodios de depresión y tristeza. En las relaciones, suelen parecer fríos y rara vez muestran sus sentimientos, sobre todo porque son personas reservadas. A menudo piensan que mostrar afecto les hará parecer vulnerables o débiles. Tienen temperamentos explosivos y prefieren dar el tratamiento del silencio que hablar las cosas. Los individuos Mut suelen criticar a los demás, pero no manejan muy bien las críticas.

Geb (del 12 al 29 de febrero y del 20 al 31 de agosto)

Signo occidental

Libra

Rasgos positivos y negativos

- Justo
- Modesto
- Orgulloso
- Sensible
- Cariñoso
- Ansioso
- Vanidoso

Planeta regente

Tierra

Animal

El ganso

Dios

Geb es el dios de la tierra. Se cree que su risa puede provocar terremotos. Desempeña un gran papel en el más allá, ya que es uno de los dioses que pesan los corazones de los difuntos para determinar su destino.

Más compatible con

Seth y Horus

Rasgos de personalidad

Sensibles y de buen corazón, las personas nacidas bajo este signo suelen estar muy atentas a los sentimientos de los demás. Son muy intuitivos y compasivos, lo que les hace parecer muy emotivos. Son individuos introvertidos que siempre escuchan su instinto. Pueden ser muy empáticos y les afecta profundamente cualquier cosa que ocurra en el mundo. Como resultado, pueden evitar ver las noticias o entrar en las redes sociales para protegerse de toda la negatividad del mundo. Si le pide un favor a su amigo Geb, tenga la seguridad de que le cumplirá porque son individuos muy fiables. Aunque son muy sensibles, consiguen mantener sus sentimientos bajo control y conservar la compostura durante cualquier situación. No son impulsivos; piensan antes de actuar. A veces pueden ser tímidos, pero, cuando es necesario, también pueden ser asertivos. Siempre están ahí para los demás y nunca lo olvidarían si les echaran una mano. Carreras como la escritura, el asesoramiento o la enseñanza son perfectas para ellos. Al igual que su homólogo Libra, adoran las cosas buenas de la vida y son amantes de la belleza.

Como consecuencia de su naturaleza bondadosa, a menudo la gente puede aprovecharse de los individuos nacidos bajo el signo Geb. A veces, pueden ser vanidosos y padecer un ego enorme. No saben establecer límites sanos y decir no a los demás porque no quieren herir los sentimientos de nadie.

Osiris (del 1 al 10 de marzo y del 27 de noviembre al 18 de diciembre)

Signo occidental

Aries

Rasgos positivos y negativos

- Audaz
- Enérgico
- Dominante
- Mandón
- Indeciso

Planetas regentes

El Sol y Plutón

Animal

El toro

Dios

Osiris es el dios de los muertos y de la otra vida. Simboliza la fertilidad, la resurrección y el renacimiento.

Más compatible con
Isis y Thot

Rasgos de personalidad

Tener una doble personalidad es una descripción exacta de este signo. Pueden ser fuertes y luchadores o vulnerables e indecisos. Se entusiasman con el Año Nuevo porque les encantan los nuevos comienzos y tienen esperanzas en su futuro. Son innovadores y aptos para carreras como la enseñanza o las ventas. Las personas nacidas bajo este signo pueden ser perfectas para puestos de liderazgo porque son individuos inteligentes y carismáticos. Sin duda, el liderazgo les resulta fácil porque tienen confianza en sí mismos y están orientados a los objetivos. También son flexibles, pueden enfrentarse fácilmente a los cambios y son individuos decididos que nunca dejarían que nada se interpusiera entre ellos y sus sueños. Son directos, enérgicos y viven el momento. También son seguras de sí mismas, aventureras y ferozmente independientes.

Sin embargo, no les gusta recibir órdenes de otras personas, aunque se trate de su jefe. Pueden mostrar una actitud agresiva o dominante con cualquiera que esté por encima de ellos. Discutir con ellos puede resultar agotador debido a su enorme ego, lo que puede repercutir en sus relaciones. Con el más mínimo malentendido, pueden perder los nervios y explotar. En consecuencia, trabajar con ellos puede resultar muy difícil. Son buenos líderes, pero no saben seguir y no soportan las críticas.

Isis (del 11 al 31 de marzo, del 18 al 29 de octubre y del 19 al 31 de diciembre)

Signo occidental

Piscis

Aspectos positivos y negativos

- Apasionado
- Ambicioso
- Digno
- Directo
- Hiperactivo
- Exigente

Planetas gobernantes

Tierra, Urano y la Luna

Animal

El carnero

Dios

Isis es otra deidad femenina. Es la diosa de la naturaleza y la protectora de los niños, los pobres y los muertos. También es la guardiana de las madres, ya que las protege cuando están dando a luz.

Más compatible con

Osiris y Thot

Rasgos de personalidad

Nunca experimentará ningún malentendido con estos individuos viendo cómo son de francos. Les encanta estar enamorados y siempre tienen fe en sus relaciones. Prefieren parejas despreocupadas y aventureras. Son enérgicos y tienen una gran capacidad de comunicación y una actitud juguetona. Suelen atraer a la gente por su gran sentido del humor. Son muy protectores con las personas de su vida y siempre están dispuestos a poner una sonrisa en sus rostros. Son adecuados para carreras que impliquen un pensamiento racional y disciplinar a los demás, como supervisores o líderes.

Por otro lado, pueden ser demasiado exigentes, lo que puede tensar sus relaciones. Se aburren y se inquietan y a menudo ansían el cambio. Como resultado, pueden tener dificultades para centrarse en sus objetivos y no dejarán de buscar otros nuevos y cambiar de uno a otro. Esto puede distraerles de conseguir algo. Serio es una palabra que no les gusta mucho y evitan las situaciones serias como la peste.

Thoth (del 1 al 19 de abril y del 8 al 17 de noviembre)

Signo occidental

Virgo

Rasgos positivos y negativos

- Grandes oyentes
- Poseen dotes de liderazgo
- Compasivo

- Valiente
- Enérgico
- Difícil de tratar
- Ingenuo

Planetas regentes

Mercurio y la Luna

Animal

El babuino

Dios

Thot es el dios de la sabiduría y el aprendizaje. Creó la escritura y se le considera el registrador de todo.

Más compatible con

Isis y Bastet

Rasgos de personalidad

Si busca a un solucionador de problemas, las personas nacidas bajo este signo son las que debe buscar. Son creativos y disfrutan compartiendo las cosas que han aprendido. Esto puede hacerles aptos para una carrera docente. Son muy organizados y tienen una gran capacidad de comunicación. Como les rige el dios de la escritura, pueden ser grandes periodistas o escritores. Son muy leales en las relaciones románticas y buscan parejas estables que valoren la familia, igual que ellos.

Pueden ser impacientes y tomar decisiones impulsivas. Ingenuos y demasiado confiados, estos individuos solo ven lo bueno de las personas, lo que los lleva a la decepción cuando se equivocan. A veces pueden ser testarudos e incapaces de ver las cosas desde el punto de vista de los demás.

Horus (del 20 de abril al 7 de mayo y del 12 al 19 de agosto)

Signo occidental

Acuario

Rasgos positivos y negativos

- Encantador
- Ingenio

- Resistencia
- Voluntad fuerte
- Inflexible
- Terco

Planetas regentes

El Sol y la Luna

Animal

La serpiente

Dios

Horus es uno de los dioses más populares del antiguo Egipto. Es el dios del cielo y el protector de los faraones. Se cree que fue él quien unió el Alto y el Bajo Egipto.

Más compatible con

Geb y Bastet

Rasgos de personalidad

Sin miedo a correr riesgos, las personas nacidas bajo este signo son muy valientes. Disfrutan probando cosas nuevas y nunca dirían que no a ninguna oportunidad. Son individuos muy carismáticos y optimistas. Gracias a su valentía, pueden destacar en cualquier carrera que elijan. Los líderes inspiradores, motivados y naturales saben lo que quieren y no tienen miedo de ir a por ello. Tienen una gran fuerza de voluntad, son ambiciosas y muy dedicadas a sus familias, poniéndolas en primer lugar. Son desinteresados, saben escuchar y son amables. Las personas nacidas bajo este signo pueden ayudarle a resolver cualquier problema al que se enfrente. Destacarán como psicólogos u orientadores.

Intransigentes, las personas nacidas bajo un signo de Horus son tercas e inflexibles en sus opiniones. La gente puede verlos como dominantes porque disfrutan mandando. Pueden tener problemas en sus relaciones debido a sus arrebatos de ira y agresividad.

Anubis (del 8 al 27 de mayo, del 29 de junio al 13 de julio)

Signo occidental

Leo

Cualidades positivas y negativas
- Simpático
- Honesto
- Inteligente
- Astuto
- Competitivo
- Controlador

Planeta regente
Mercurio

Animal
El chacal

Dios
Anubis es el dios de la momificación, la muerte y el más allá. También es el guardián del inframundo. Puede encontrar a aquellos que están perdidos para la vida, y pesará sus corazones para determinar si son dignos de pasar a mejor vida.

Más compatible con
Isis y Bastet

Rasgos de personalidad
Creativos, apasionados, sensibles y emotivos son algunas de las cualidades por las que son famosas las personas nacidas bajo Anubis. No prefieren trabajar en equipo; brillan cuando trabajan solos. No le gustan las multitudes debido a su naturaleza introvertida. Sin embargo, cuando están rodeados de gente, siempre se muestran confiados. Son extremadamente francos y no temen decir lo que piensan. Su curiosidad por la gente, sus pensamientos y el funcionamiento de sus mentes les hace aptos para carreras en psicología o enseñanza. También pueden destacar en funciones que impliquen ayudar a los demás, como médico o enfermero. Decididos, nunca se rendirán hasta conseguir sus objetivos. Al estar regidos por Horus, pueden tener un ligero interés por la muerte.

Los individuos nacidos bajo este signo pueden experimentar fuertes cambios de humor, pueden estar felices y, de repente, estar deprimidos o enfadados. Esto puede deberse a su naturaleza empática y a que absorben las emociones de los demás. Pueden ser controladores y demasiado competitivos y tendrían dificultades si otra persona tomara la iniciativa. En las relaciones, pueden ser posesivos.

Seth (del 28 de mayo al 18 de junio y del 28 de septiembre al 2 de octubre)

Signo occidental

Géminis

Rasgos positivos y negativos
- Decidido
- Perfeccionista
- Persistente
- Impulsivo
- Malhumorado

Planeta regente

Marte

Animal

El tigre

Dios

Seth es el dios del caos, los terremotos y las tormentas. Se cree que podía controlar el clima. Según una antigua leyenda, Seth mató a su hermano Osiris, cortó su cuerpo en pedazos y dejó cada cuerpo aparte en un lugar diferente de Egipto. Se cree que lo hizo porque descubrió que su esposa, Neftis, había tenido un hijo con Osiris. Este niño es el dios Anubis.

Más compatible con

El Nilo y Geb

Rasgos de personalidad

Aventureros y perfeccionistas, nada puede impedir que los nacidos bajo este signo vayan tras lo que desean. Tienen grandes dotes de liderazgo y siempre están a la altura de los retos. No piensan en el pasado; aprenden de sus errores y avanzan alegremente hacia cosas mejores en su futuro. Encantadores, carismáticos y extrovertidos son algunas de las cualidades que atraen a la gente hacia ellos. Son sociables y les encanta estar rodeados de otras personas. No les gusta quedarse quietos ni estar ociosos; siempre quieren estar ocupados. Su trabajo ideal es la enseñanza.

Los individuos Bastet son malhumorados y tienen muy mal genio. Valoran su libertad y odian las normas y las restricciones, por lo que pueden tener problemas si se les microgestiona o siguen directrices. Tienen un espíritu rebelde y les cuesta conformarse.

Bastet (del 14 al 28 de julio, del 23 al 27 de septiembre y del 3 al 17 de octubre)

Signo occidental
- Cáncer
- Rasgos positivos y negativos
- Reflexivo
- Encantador
- Ansioso
- Pegajoso
- Posesivo

Planetas regentes

El Sol y la Luna

Animal

El gato

Dios

Bastet es otra deidad femenina. Se la suele llamar la diosa gata porque tiene cabeza de gato y cuerpo humano. Es la diosa de la vida doméstica y de la feminidad. Guardiana de las mujeres, Bastet las ayuda con su fertilidad.

Más compatible con

Horus y Sekhmet

Rasgos de personalidad

Nada es más importante para los Bastet que la paz. Son introvertidos que aman la paz y la tranquilidad y suelen evitar las multitudes, las situaciones estresantes y los enfrentamientos. Son extremadamente intuitivos; puede confundirlos con videntes. Son individuos encantadores que viven su vida al máximo. La felicidad es su objetivo número uno, por lo que se rodean de cosas que les resultan agradables. Ferozmente leales, sienten devoción por sus seres queridos y siempre los pondrán en primer lugar. Son cariñosos, sensibles y emotivos y siempre protegerán a las personas de su vida. El trabajo ideal para ellos es la escritura.

En las relaciones, pueden ser sobreprotectoras, pegajosas y posesivas. La confianza no les resulta fácil y suelen ser muy reservados. A menudo permanecen colgados de relaciones pasadas durante mucho tiempo y les cuesta dejarlas ir y seguir adelante.

Sekhmet (del 29 de julio al 11 de agosto y del 30 de octubre al 7 de noviembre)

Signo occidental

Sagitario

Rasgos positivos y negativos

- Accesible
- Alegre
- Optimista
- Inteligente
- Capacidad de liderazgo
- Se ofende fácilmente
- Impaciente

Planeta regente

El Sol

Animal

El león

Dios

Sekhmet es la última deidad femenina de esta lista. Se la conoce como el Ojo de Ra. Sekhmet, diosa de la guerra y sanadora, garantiza que se haga justicia, ya que tiene el poder de decidir quién es culpable y quién inocente. Tiene cabeza de león y cuerpo de mujer.

Más compatible con

Baster y Geb

Rasgos de personalidad

Al igual que las personas nacidas bajo Osiris, los individuos nacidos bajo Sekhmet tienen personalidades duales. Por un lado, pueden ser estrictos y disciplinados; por otro, son flexibles y libres. Son perfeccionistas, justos y tienen valores fuertes. Son adecuados para puestos como los de director general o juez. Profesionales, dignos de confianza, accesibles, disciplinados y elegantes son algunas de las cualidades que hacen que la gente les respete y se sienta atraída por ellos. Con los pies en la tierra e inteligentes, encuentran el éxito en todo lo que hacen. El vaso siempre está medio lleno en las personas Sekhmet. Tienen una actitud alegre y una personalidad encantadora.

Las personas Sekhmet tienden a tener el temperamento corto. Pueden ser impacientes, agresivos y groseros. Pueden estar muy centrados en búsquedas materialistas y pueden sufrir adicciones. En las relaciones, pueden ser muy posesivos. Empiezan a presumir de sus logros cada vez que se sienten seguros de sí mismos y hacen que los demás se sientan inferiores.

Los signos del zodiaco egipcio son muy interesantes y pueden ayudarle a conocer distintos aspectos de su personalidad. Sin duda, debería leer más sobre el dios de su signo del zodiaco porque todos los antiguos bienes egipcios tienen interesantes leyendas asociadas a ellos.

Capítulo 6: Astrología helenística
I. Los topos

La astrología ha desempeñado un papel importante en casi todas las civilizaciones. Sin embargo, el papel de este campo de estudio en la época tardohelenística es digno de mención, sobre todo porque mezcla aspectos de la filosofía griega y puntos de vista sobre la dinámica de la vida de un individuo. Aunque las cartas astrológicas u horoscópicas, que dividen el cielo en regiones que describen las posiciones planetarias, se originaron en Babilonia, se desarrollaron esencialmente en las zonas helenizadas de habla griega. La carta astral más antigua data del año 410 a. C., en Babilonia. Aunque no se puede subestimar el increíble avance babilónico, los mesopotámicos ya utilizaban los presagios estelares para la adivinación y la espiritualidad astral desde hacía años en ese momento de la historia.

Utilizaban las estrellas para simbolizar a los dioses a los que podían rezar y de los que podían recibir favores. Es posible que ya haya oído hablar de Anu, Enlil y Ea, las deidades astrológicas representadas no solo por estrellas individuales, sino también por constelaciones. El concepto de dioses planetarios también se encuentra en la astrología helenística. Se creía que Marte o Nergal era la deidad de la destrucción y las plagas, mientras que Venus o Ištar era considerada la diosa del amor. Un número limitado de registros babilónicos se refieren a predicciones lacónicas y colocaciones planetarias, lo que hace especialmente difícil extraer inferencias sólidas sobre la base conceptual de las primeras prácticas horoscópicas.

La era helenística y la astrología actual

La era helenística es única, ya que combina numerosas filosofías, incluidas las creencias e ideologías espirituales babilónicas, egipcias, judías y persas. Las prácticas astronómicas y astrológicas ya se estaban extendiendo en las tierras de Babilonia antes de la conquista de Alejandro Magno. En ese momento, los pensadores griegos aún no se ocupaban de estas áreas de estudio. Aunque Grecia fue la responsable de popularizar los estudios de astrología, el escritor babilonio, Beroso, y otros astrólogos y sacerdotes babilonios introdujeron a los griegos en esta ciencia.

Se cree que Alejandría, centro intelectual de Egipto, fue la cuna de notables desarrollos de la astrología helenística. Numerosos astrólogos helenísticos atribuyeron al faraón Nechepso, que era un sacerdote egipcio, los primeros y más significativos avances astrológicos. Se cree que Hermes, el dios griego de la astrología, fue el inventor de la astrología. Aún se conservan algunos avances que se remontan al nombre de la deidad, mientras que otros autores hablan de otras obras pertenecientes a Nechepso. El griego Asclepio, Pitágoras, Orfeo, el egipcio Anubis, el iraní Zoroastro y el profeta Abraham son también ejemplos de otras figuras asociadas a la astrología. Los textos helenísticos tardíos hacen referencia a Kidinnu, Sudines, Naburianos, astrónomos babilonios y astrólogos.

El origen de la astrología helenística, y si puede atribuirse a los egipcios o a los babilonios, es quizá el resultado de las rivalidades entre ptolemaicos y seléucidas. A los babilonios y a los egipcios se les atribuyen principalmente numerosas cartas, tablas y técnicas astrológicas. Sin embargo, las investigaciones modernas sugieren que algunos métodos y enfoques astrológicos fueron trazados de forma inexacta. Los calendarios egipcios, las prácticas espirituales y las creencias religiosas se fusionaron con las técnicas astrológicas babilónicas, a las que se unieron las matemáticas pitagóricas, las filosofías estoica y platonista y el hermetismo. Esto creó un sistema astrológico más complejo e intrincado que se aproxima al que tenemos hoy en día.

Este capítulo ilustra la importancia de los horóscopos diurno y nocturno para los astrólogos griegos. A continuación, comprenderá más a fondo la palabra topos (lugares) utilizada por los astrólogos griegos. Aquí descubrirá qué muestran estos lugares, cómo se calculan y a qué casas astrológicas están asociados. En este capítulo, encontrará el significado de cada lugar, así como las similitudes y diferencias que tienen con sus casas correspondientes.

Secta: Horóscopos diurnos y nocturnos

El concepto de "secta" es muy popular en la astrología clásica, donde los siete planetas principales se dividen en dos grupos. La idea detrás de la secta es identificar los puntos fuertes y los atributos benéficos de un planeta en la carta astral de una persona. Aunque este sencillo acto de agrupación era increíblemente útil, fue ampliamente abandonado durante la época medieval. La única razón por la que hoy oímos hablar de esta práctica es que recientes obras de traducción la han recuperado.

Secta se conoce originalmente como αἵρεσις, o hairesis, en griego. Esta palabra se utilizaba para describir facciones políticas o religiosas opuestas en aquella época. Por ejemplo, dos personas que pertenecieran a diferentes grupos heréticos se conocerían como miembros de diferentes hairesis. Los astrólogos griegos comprobaron que los planetas podían dividirse en dos: el día y la noche (diurno y nocturno).

Saturno, Júpiter y el Sol pertenecen al día, mientras que Venus, Marte y la Luna pertenecen a la noche. Mercurio puede formar parte de ambos y moverse de un lado a otro. A veces, es una estrella matutina, que sale antes que el sol. Otras veces, sale mucho más tarde.

Al igual que dos partidos políticos no pueden estar en el poder al mismo tiempo, solo una secta astrológica puede dominar en un mismo momento. Como probablemente pueda deducir, la secta diurna entra en el poder en cuanto el sol cruza el horizonte, marcando el comienzo del día. La secta nocturna está en el poder cuando es de noche y el Sol descansa bajo el horizonte. Las personas nacidas de día tienen una carta diurna en la que el Sol está en el poder, y las nacidas de noche tienen una carta nocturna.

Supongamos que quiere saber si en su carta rige la secta diurna o la nocturna. En ese caso, tiene que determinar la ubicación del Sol con respecto al horizonte en el momento de su nacimiento. Si el Sol se encuentra en las casas 2 a 6, usted tiene una carta nocturna en la parte inferior de la carta. Si el Sol se encuentra en las casas 12 a 8, indica una carta diurna. Si el Sol se encuentra en la casa 1 o 7 con casas de signos enteros, debe comprobar su relevancia respecto al eje ascendente o descendente (el horizonte).

¿Por qué es importante?

Como hemos mencionado antes, la secta se utiliza para determinar los rasgos maléficos y benéficos de los planetas. Los planetas en la secta, o potencia, son más positivos que los que no lo son. Esto significa que los planetas naturalmente benéficos son aún más benéficos, y los que tienen cualidades maléficas son menos maléficos. Se cree que esos planetas tienen más "dignidad", por lo que tienden a comportarse de forma que le beneficien. Como puede adivinar, los planetas benéficos que están fuera de poder, o sectarios, manifiestan rasgos menos benéficos, y los maléficos son aún más maléficos.

Aunque ésta es la forma principal en que se utiliza la secta en astrología, la doctrina también sirve como escala de "auspiciosidad" para cada uno de los planetas. Puede consultar el diagrama para comprender mejor este concepto.

Cada secta contiene un cuerpo luminoso, ya sea el Sol o la Luna, un planeta benéfico y un planeta maléfico. Éstos excluyen a Mercurio. A continuación, se utiliza una secta para sopesar los auspicios de las plantas, determinando cuáles de las benéficas manifestarán aún más cualidades benéficas y cuáles de las maléficas se volverán menos maléficas. En última instancia, nos quedan dos métodos para determinar los efectos de los planetas benéficos y maléficos. Esto depende de la secta que esté en el poder (carta diurna o carta nocturna).

A continuación, se indica cómo se clasifican los planetas en cada carta:

Carta diurna
1. Júpiter
2. Venus
3. Saturno
4. Marte

Carta nocturna
1. Venus
2. Júpiter
3. Marte
4. Saturno

Marte y Saturno son planetas maléficos. Saturno es menos maléfico en la carta diurna y Marte es más maléfico. La carta nocturna muestra lo contrario.

Júpiter y Venus son planetas benéficos. Júpiter es más benéfico en la carta diurna, mientras que Venus manifiesta cualidades más benéficas en la carta nocturna.

Los topos

Si alguna vez ha mirado su carta astral o leído sobre las predicciones de su signo para el año venidero, es probable que se haya topado con la palabra "casa". Las casas son muy significativas en astrología, por eso quizá le sorprenda saber que esta palabra dejó de existir en la astrología griega clásica. En su lugar se utilizó la palabra *topos*, que se traduce como lugar o posición. *Oikos*, que se utilizaba estrictamente para referirse a los signos zodiacales, en griego significaba casa. Esto tiene sentido porque se utilizaba para describir los signos como casas para los planetas. Por ejemplo, el oikos de Júpiter está en Sagitario y el de Marte en Aries. Nunca hubo un primer oikos o un segundo oikos como hay casas primera, segunda, tercera y cuarta. Sin embargo, fue en la Edad Media cuando se produjo toda la confusión. Los intérpretes no estaban seguros de si el contexto se refería a las casas o a los signos.

Dicho esto, las casas de signo completo son la técnica de división de casas más antigua. Como ocurre con la mayoría de los demás conceptos, el conocimiento de esta forma de división en casas también se perdió durante la Edad Media. Las antiguas tradiciones egipcias de astrología decánica, que asignan un tema específico, como los hijos, la enfermedad o el matrimonio, a una determinada porción de la rotación diurna, probablemente influyeron en la creación de las 12 casas.

La palabra griega *horoskopos*, que se traduce como marcador de horas, se utilizaba para describir el ascendente. El signo zodiacal que se elevaba sobre el horizonte oriental era "marcado" por el ascendente, convirtiéndose en la primera casa de signo completo. Cualquier signo que entrara de 0 a 30 grados se consideraba la primera casa, el segundo que entrara de 30 a 60 grados era la segunda, y así sucesivamente. Hay 12 casas porque hay 12 signos astrológicos. En otras palabras, si el ascendente de una persona es cáncer, entonces este signo se convierte en su primera casa, su segunda casa es Leo, y su tercera es Virgo, etc.

Las casas

Los planetas que aparecen en nuestra carta astral y sus ubicaciones son estacionarios. Dicho esto, los planetas están siempre en movimiento, lo que significa que inevitablemente cambian de casa. Aunque cada planeta gira alrededor del Sol en su propia órbita, nuestro año dura 365 días, lo que significa que experimentamos un ciclo solar completo que incluye todas las casas cada año. Sin duda, experimentará las energías de todas las casas en su vida.

Primera casa - Casa de Aries y Marte

Esta casa también se conoce como la casa de la identidad o del yo. Representa su aspecto físico, su cuerpo, su comportamiento, su impresión social, su salud, su bienestar general y su temperamento. Los planetas que ocupan esta casa le influyen significativamente. Por ejemplo, una persona con la Luna en la primera casa es conocida por ser muy emocional. Alguien con Mercurio en esa casa tiende a ser hablador. Los planetas en la primera casa determinan la forma en que los demás le perciben y la energía que emite. Cuando los planetas se abren paso en esta casa, despegan nuevos proyectos, las ideas fluyen, los objetivos se manifiestan y las perspectivas toman forma.

Segunda casa - Casa de Tauro y Venus

Esta casa se conoce alternativamente como la casa del dinero, los valores o las posesiones. Como puede deducirse, corresponde a las finanzas, la estabilidad, las pertenencias materiales, los activos, el ingenio y el progreso de una persona. Mucha gente no se da cuenta de que esta casa también es relevante para nuestras emociones. La sensación de seguridad de un planeta en la segunda casa viene determinada por sus posesiones materiales. Los planetas que transitan hacia esta casa están relacionados con los cambios en los recursos y la sensación de seguridad de una persona. Uno puede referirse a esta casa para aprender cómo puede llegar a ser autosuficiente al tiempo que se adhiere a sus valores personales.

Tercera casa - Casa de Géminis y Mercurio

La tercera casa es la casa de la comunicación, la educación, la comunidad local, la familia, el transporte y los viajes cortos. Es la forma en que usted comparte sus perspectivas y creencias con los demás. Los planetas en esta casa le animan a expresarse y le orientan sobre cómo puede mejorar sus relaciones con los que le rodean. Cuando los planetas se mueven hacia esta casa, puede salir a la luz nueva información sobre amigos íntimos o familiares.

Cuarta casa - Casa de Cáncer y de la Luna

Ésta es la casa de la familia, el hogar, los antepasados y el inconsciente. Refleja el entorno en el que creció y sus experiencias. Esta casa también está asociada a la relación de una persona con su figura material y a sus opiniones generales sobre la idea de construir un hogar. Los planetas en esta casa suelen instarnos a invertir en espacios seguros en los que podamos buscar protección.

Quinta casa - Casa de Leo y del Sol

Ésta es la casa de la creatividad y el placer. Es el centro del romance, el juego, la autoexpresión y los niños. Esta casa se relaciona con sus medios naturales de expresión artística. Cuando los planetas se mueven hacia la quinta casa, puede experimentar un periodo de aumento de la confianza en sí mismo. Esta casa representa todo aquello que le hace sentirse bien.

Sexta casa - Casa de Virgo y Mercurio

Ésta es la casa de la rutina, la salud, el bienestar y la realización. El planeta de la casa determina sus hábitos de gasto, sus elecciones vitales y el equilibrio entre trabajo y vida privada. La casa de la salud le insta a prestar atención a su bienestar mental y físico. Los planetas de esta casa suelen estar motivados por la estructura y la organización. Cuando los planetas entran en la sexta casa, es posible que se sienta obligado a gestionar su agenda y a crear hábitos.

Séptima casa - Casa de Libra y Venus

Esta casa es la de la asociación, las relaciones, el estilo y el tenor. Los planetas de esta casa tienen que ver con todas las relaciones importantes de su vida, ya sean románticas, profesionales o sociales. Cuando los planetas transitan hacia esta casa, es posible que encuentre tratos y contratos que caen en su sitio. ¡Puede que las cosas se hagan oficiales!

Octava casa - Casa de Escorpio y Plutón

Ésta es la casa de la regeneración, la transformación, la muerte y el sexo. Esta casa está asociada a nuestros instintos animales y a todo lo que pueda ser destructivo. Los planetas natales en esta casa suelen sentirse atraídos por las relaciones intensas y los temas ocultos. El movimiento de transición hacia esta casa se asocia con la comprensión de los entresijos de cualquier situación. También sirve para recordarnos los retos de la vida.

Novena casa - Casa de Sagitario y Júpiter

Esta novena casa se asocia con la filosofía, la educación superior, los viajes, el conocimiento y la exploración. Los planetas que residen aquí determinan cómo hacemos crecer nuestra experiencia e integramos todos nuestros conocimientos en los distintos aspectos de la vida. Es un reflejo de nuestros viajes y aspiraciones. Un movimiento en la novena casa implica explorar nuevos temas, adoptar diferentes perspectivas o trasladarse a nuevos lugares.

Décima casa - Casa de Capricornio y Saturno

La décima casa es la del estatus social, la popularidad, la imagen pública y la autoridad personal. Determina la forma de iniciar los cambios en su vida y el nivel de determinación a la hora de alcanzar sus objetivos. Los cambios profesionales y las revelaciones relativas a las ambiciones personales suelen acompañar la transición de un planeta a la décima casa.

Undécima casa - Casa de Acuario y Urano

Ésta es la casa de las amistades y las redes, y pretende recordarnos la importancia no solo del trabajo duro, sino con quién compartir la alegría de nuestros éxitos. En función de sus aspiraciones y visiones, los planetas de esta casa determinan los tipos de conexiones que establecerá a lo largo de su vida.

Duodécima casa - Casa de Piscis y Neptuno

La casa del inconsciente se asocia con lo oculto y lo que no se ve, incluidos los secretos, los sentimientos e incluso los sueños. Las relaciones kármicas son atraídas a la vida de uno cuando los planetas se mueven hacia la duodécima casa.

Demostrando cómo numerosas culturas pueden coexistir a la perfección, la escuela helenística de pensamiento sirvió de prometedora base para el sistema astrológico mesopotámico. Las creencias y calendarios egipcios, las técnicas babilónicas y las filosofías griegas se combinaron para crear un sistema astrológico más complejo e intrincado, muy similar al que conocemos hoy en día.

Capítulo 7: Astrología helenística II. La Zoidia

Como ya sabe, cada uno de los siete planetas con los que estamos familiarizados puede verse moviéndose por el cielo en sus trayectorias correctas. Se cruzan con numerosas constelaciones y estrellas mientras orbitan. Hágase la misión de su vida de observar este proceso, y verá que los planetas vagan estrictamente por caminos estrechos en el cielo - pero también se mueven por *constelaciones específicas* - algo de lo que los antiguos astrólogos tomaron nota hace siglos. Gracias a ellos, ahora sabemos que las trayectorias planetarias son eclípticas. La eclíptica puede verse como la forma de un círculo que rodea la Tierra.

Los mesopotámicos ya habían empezado a basarse en ella en el siglo V a. C. Dividieron el círculo de la eclíptica en 12 segmentos diferentes (de 30 grados cada uno). Estos segmentos iguales recibieron el nombre de "zodiaco", palabra que procede del término griego *"zoidion"*.

Aunque la palabra "zodiaco" sigue siendo relativamente popular hoy en día, traducir el término original "zoidion" es bastante complicado porque la palabra griega tiene dos significados muy diferentes. Zoidia, que es el plural de *zoidion*, deriva de la palabra *"zoion"*, que significa esencialmente "ser vivo" o "animal". Sin embargo, en otros contextos, la palabra *zoion* se utilizaba para describir figuras e imágenes. Se sugiere que la razón por la que el zodiaco recibió este nombre concreto se remonta a las antiguas correspondencias de los signos. La dualidad de la palabra zoidia puede expresarse en el hecho de que se creía que los signos del zodiaco representaban imágenes del carnero, el cangrejo, el toro, el león, etc.

No solo eso, sino que esta teoría puede ampliarse explorando los equívocos gramaticales. La palabra *zion* puede ser un sufijo de caso locativo. En ese caso, un signo zodiacal sería un lugar donde se encuentra otra cosa, como una imagen o un ser vivo. Otra interpretación gramatical, sin embargo, puede ser que la palabra *zoidion* sea un diminutivo de *zoion*. Esto significaría que la imagen o el ser vivo serían más pequeños.

¿Cuál sería un término inglés adecuado?

Estas ambigüedades lingüísticas hacen imposible encontrar un término inglés equivalente. Ninguna palabra similar en el diccionario inglés tiene todos estos temas subyacentes y dobles significados. La palabra zoidion se utilizó durante años hasta que se encontró una traducción relativamente adecuada. En un momento dado, se rechazó la propuesta de utilizar la palabra "signs " para referirse a los zoidia. Si rastreamos la palabra inglesa "signs" hasta sus orígenes latinos (signum), encontraremos que originalmente se utilizaba para referirse a imágenes o dibujos. Sin embargo, hoy en día, la palabra se utiliza para denotar una gama más amplia de connotaciones que su significado inicial ya no es tan preciso como antes. Posteriormente, se decidió que utilizar la palabra "imagen" para referirse al zodión era la opción más razonable. El concepto subyacente es que se puede utilizar esta traducción como base para referirse a la "imagen del león", la "imagen del carnero", la "imagen del toro", etc.

La idea de utilizar la palabra "imagen" es práctica porque puede referirse a la zoidia en un sentido abstracto. En la mayoría de los casos, cuando se trata de astronomía y astrología, hay muchos conceptos, sobre todo los que podemos comprender, que podemos percibir con la mente, aunque no los veamos necesariamente con los ojos. La forma en que comprendemos determinados *zoidia* se guía por imágenes visuales reales de las constelaciones. Sin embargo, los astrólogos antiguos como Ptolomeo no se basaban en imágenes en tiempo real del cielo y las constelaciones. Éste es particularmente el caso de los astrólogos que utilizaban el zodiaco tropical o móvil. En su lugar, se basaban en la división abstracta y los segmentos de la eclíptica, que hemos mencionado anteriormente. Se creía que estas divisiones se correspondían con cualidades específicas.

Si profundiza en la astrología antigua, descubrirá que muchos textos utilizan la palabra "duodécima parte", o *dodekatemoria*, para referirse a los signos zodiacales. De este modo, los astrólogos representaban cada signo como un segmento abstracto de la eclíptica. Como se creía que cada segmento o división estaba asociado a cualidades específicas, los astrólogos pensaban que las divisiones podían dar señales, presagios o incluso profecías para determinados acontecimientos. Esto puede explicar por qué nuestra comprensión moderna de la palabra "signo" ya no denota una imagen o un dibujo, sino que se extiende para referirse a símbolos, señales e indicaciones.

Probablemente piense que nos hemos salido por la tangente. ¿Qué tienen que ver estas oscuridades lingüísticas con la astrología y la *zoidia*? Bueno, la evolución de la palabra "signo" es muy similar a cómo se aplica todo este concepto en la antigua astrología grecorromana. Estos misterios, y paradojas incluso, han allanado el camino para una comprensión totalmente novedosa del concepto en las prácticas astrológicas actuales.

En el siglo I a. C., Varrón, un polímata romano, explicó que los signos y las constelaciones se refieren a las mismas cosas. Constelaciones y signos son sinónimos porque las constelaciones significan algo. Por ejemplo, Libra se asocia o más bien significa el equinoccio. Para simplificar, el término "signos" (del zodiaco) puede utilizarse adecuadamente para *zoidia*.

Ahora que ya sabe de dónde procede el término "signos del zodiaco" y qué es esencialmente la zoidia, profundizaremos en el origen de los signos del zodiaco. Aquí aprenderá cómo los utilizaban los antiguos astrólogos griegos y en qué se diferencian de los que utilizamos hoy en día.

Cualidades de la zoidia

Los fundamentos del zodiaco se basan principalmente en la tradición mesopotámica. Dicho esto, las cualidades que los astrólogos posteriores empezaron a asignar a cada signo tienen su origen en la tradición helenística. Según la astrología helenística, uno de los papeles más significativos que asumen los signos del zodiaco es que influyen en la forma en que las implicaciones del planeta aparecen en la carta. Los signos del zodiaco pueden hacerlo a través de las siguientes cualidades principales:

- Su regencia sobre el planeta.
- Su género (esto es algo en lo que ya no nos basamos en la astrología moderna)

- Triplicidad (esto ha evolucionado hasta convertirse en elementos en la astrología moderna)
- Cuadruplicidad.

Otras muchas cualidades diversificadas dependen del aspecto de las constelaciones. Sin embargo, en la mayoría de los casos, se trata de cualidades accesorias que hay que tener en cuenta y que a menudo se utilizan en el marco de determinadas técnicas.

A diferencia de la astrología moderna, el concepto de préstamo sistemático no era popular en la astrología helenística. Esto significa que las implicaciones de los signos zodiacales y las de las doce casas de las que hemos hablado en los capítulos anteriores no eran intercambiables; los astrólogos antiguos no creían que Aries fuera sinónimo de la primera casa o que Leo fuera equivalente a la quinta casa. La idea de tomar prestadas las implicaciones de una casa para obtener las de un determinado signo no existía.

Los nombres de los signos

Como ya sabe, cada uno de los doce signos tiene un nombre único. El nombre de cada signo procede de su constelación. El zodiaco está decorado con 12 imágenes brillantes del Carnero, seguido del toro y luego de los gemelos. A continuación, vienen el cangrejo, el león y la doncella. La pinza, que más tarde fue rebautizada como las balanzas, se encuentra junto a la doncella, y a su lado viene el escorpión. El arquero, el de cuernos de cabra, el portador de agua y los peces son los últimos del zodiaco.

Aunque tendría más sentido dar el nombre de "Las pinzas" a un signo como Cáncer o Escorpio, por ejemplo, quizá le sorprenda saber que éste era el antiguo nombre de Libra. Esto se debe a que se creía que representaba una parte de las pinzas de la constelación que tenía al lado (el escorpión). Sin embargo, cuando los antiguos astrólogos empezaron a diferenciar ambos signos zodiacales, rebautizaron Libra como "La balanza". Si tropieza por casualidad con un antiguo texto helenístico de astrología, encontrará que el término "Las pinzas" se refiere a Libra. También se utilizaba en un contexto poético.

A continuación, se indican los nombres griegos de cada uno de los signos del zodiaco, junto con sus significados:

- **Aries:** Krios (El carnero)
- **Tauro:** Tauros (El toro)
- **Géminis:** Didumoi (Los gemelos)
- **Cáncer:** Karkinos (El cangrejo)
- **Leo:** León (El león)
- **Virgo:** Partenos (La doncella)
- **Libra:** Zugos (La balanza)
- **Escorpio:** Skorpios (El escorpión)
- **Sagitario:** Toxotes (El arquero)
- **Capricornio:** Aigokeros (El de cuernos de cabra)
- **Acuario:** Hudrochoos (El portador de agua)
- **Piscis:** Ichthues (Los peces)

Como puede deducir, los términos en español de los signos no se parecen ni remotamente a las palabras griegas (excepto Tauro, Leo y Escorpio) porque, en gran medida, los términos en español proceden de las traducciones latinas de las palabras griegas originales. Por ejemplo, la palabra carnero es Aries en latín, "toro" es Tauro, etc. Es habitual encontrar escritos griegos traducidos literalmente. Esto significa que, al leer un texto astrológico traducido, puede encontrar los signos del zodiaco denominados "la doncella", "la balanza", "el toro", etc.

Cómo utilizaban el zodiaco los astrólogos de la antigua Grecia

Los antiguos astrólogos griegos aplicaron su comprensión de los signos del zodiaco a numerosos aspectos de nuestro ser y de la vida en general. Aunque muchos de estos conceptos se siguen aplicando hoy en día o sirven de base para los estudios actuales, otros han sido rechazados.

Identificación del sexo

Los antiguos astrólogos griegos creían que los signos del zodiaco podían dividirse en dos grupos en función del género: masculino y femenino. Empezando por el primer signo, que es Aries, se creía que los impares eran masculinos, y que los pares, que empiezan en Tauro, eran femeninos.

Todos los astrólogos helenísticos conocidos aceptaban esta práctica. Esta doctrina fue popular hasta el punto de que Sexto Empírico supuso que la práctica pitagórica de denominar "masculinos" a los números impares y "femeninos" a los pares estaba influida por los astrólogos de la época. Aunque la asociación es correcta, la teoría pitagórica de la numerología del género es probablemente más antigua que la asignación de género de los signos zodiacales.

En cualquier caso, esta tradición astrológica helenística se utilizaba a menudo para identificar o predecir los géneros. Según Sextus, se creía que los signos masculinos y femeninos podían influir en el nacimiento de hombres o mujeres. Valens también mencionó que el sexo del signo zodiacal, que incluye indicadores planetarios para los hermanos, puede ayudar a determinar el sexo de los hermanos de la persona. Por ejemplo, si Júpiter, el Sol y Mercurio residen en un signo masculino, se conceden hermanos. También sugirió que el género de los signos puede utilizarse para determinar cuál de los padres de la persona morirá primero. Firmicus también escribió sobre el nacimiento de gemelos, donde el género de los signos puede utilizarse para determinar el sexo de los bebés.

La asignación de género a los signos del zodiaco no solo se utilizaba con fines de identificación del sexo. También se utilizaba como aspecto descriptivo en numerosas fuentes. Por ejemplo, se creía que los signos femeninos eran pasivos y los masculinos se percibían como más activos. Mientras que los primeros se conceptualizaban como subordinados, adjetivos como "dominante" y "autoritario" se asociaban a los segundos. Como puede deducir, estas correspondencias denotan principalmente normas y roles de género. Esta doctrina también determinaba dónde se situaba una persona en el espectro de género y si el nativo tendía a transgredir las expectativas tradicionales y las normas de género.

En la astrología actual, ya no utilizamos los signos del zodiaco para predecir el sexo del nativo o dónde se sitúa en el espectro de género. Quizá por eso el concepto de signos zodiacales masculinos y femeninos ha perdido popularidad.

Asignación de partes del cuerpo

La Melothesia zodiacal, la práctica de asignar partes del cuerpo a cada signo era otra práctica común entre los antiguos astrólogos griegos. Esta disposición sigue siendo popular hoy en día. La creencia subyacente tras esta práctica es que existe un sistema de conexiones simpáticas entre el microcosmos del cuerpo humano, que refleja el macrocosmos de la alineación del universo durante el momento del nacimiento.

Todos los sistemas de asignación de partes del cuerpo comienzan en la parte superior del cuerpo humano, donde Aries se asigna a la cabeza. A continuación, el sistema continúa etiquetando las demás partes del cuerpo en orden de los signos, hasta llegar a los pies asignados a Piscis (el último signo zodiacal). Se elaboraron numerosas ilustraciones de esta doctrina, por lo que se conoció como Homo Signorum, u Hombre de los Signos. La estructura de las asignaciones es más o menos la misma. Sin embargo, puede encontrar algunas discrepancias en la zona del torso.

A continuación, se indica la asignación estándar de las partes del cuerpo a los signos:

1. **Aries** - La cabeza
2. **Tauro** - El cuello
3. **Géminis** - Los hombros, los brazos y las manos
4. **Cáncer** - El pecho
5. **Leo** - Las costillas, los costados y el corazón
6. **Virgo** - El vientre y el abdomen
7. **Libra** - Las caderas y las nalgas
8. **Escorpio** - Los genitales
9. **Sagitario** - Los muslos
10. **Capricornio** - Las rodillas
11. **Acuario** - La parte inferior de las piernas
12. **Piscis** - Los pies

Los antiguos astrólogos utilizaban este sistema para determinar las partes del cuerpo susceptibles de sufrir lesiones y enfermedades. Dorotheus sugiere que una técnica matemática utilizada para determinar un Lote de Lesiones, que es un punto derivado de Saturno y Marte, puede utilizarse para predecir lesiones. El nativo experimentaría una dolencia en la parte del cuerpo correspondiente al signo sobre el que cae este punto en la carta astral. Esta doctrina se aplicó posteriormente en la medicina astrológica, donde los practicantes utilizaban este concepto para determinar los posibles tratamientos.

Predicciones generales

Esta práctica ya no se utiliza en la astrología moderna porque carece de lógica y fundamento. Los antiguos astrólogos utilizaban los signos del zodiaco para realizar predicciones generales, que a menudo se basaban en patrones o consideraciones irregulares. Los antiguos intérpretes utilizaban a veces ciertas técnicas y contextos generales para hacer predicciones. Por ejemplo, algunos signos se consideraban fértiles, mientras que otros se consideraban estériles. Los astrólogos utilizaban este concepto para determinar si un nativo experimentaría dificultades con la reproducción. Es importante señalar que estas cualidades y características no estaban estandarizadas, lo que significa que no todos los astrólogos helenísticos utilizaban las mismas pautas y técnicas para hacer sus predicciones. Esta es la razón por la que las cualidades se comunicaban a menudo con ligeras discrepancias.

Este nivel de variabilidad hace imposible revelar de forma completa o precisa lo que significaban los diferentes signos en términos de destino o futuro. No obstante, a continuación, se ofrece una visión general de las cualidades y características que suelen asociarse a cada signo:

- **Enigmáticos:** Sagitario y Capricornio.
- **Incompletos:** Tauro, Virgo, Sagitario y Capricornio.
- **Cuadrúpedo:** Aries, Tauro, Leo y Sagitario.
- **Humano en forma:** Géminis, Virgo, Libra, Sagitario y Acuario.
- **Prolífico** (abundancia en términos de descendencia): Cáncer, Escorpio y Piscis.
- **Estéril (estéril):** Géminis, Virgo, Sagitario y Capricornio.
- **Reales o con aspecto de rey:** Aries, Leo y Sagitario.

Cualidades como mudo, vocal y escandaloso también se utilizaban para determinar la naturaleza de los signos. Las constelaciones y sus imágenes asociadas influyeron en estas características y en otros razonamientos o creencias.

La antigua *zoidia* griega y las doctrinas y creencias asociadas han contribuido en gran medida a nuestra comprensión de la astrología. No solo dieron forma a las prácticas actuales, sino que también proporcionaron una base sólida para investigaciones adicionales. Aunque los practicantes actuales rechazan algunos conceptos antiguos, otros siguen siendo ampliamente practicados y aceptados.

Capítulo 8: El Thema Mundi y las cartas helenísticas

En este capítulo repasaremos el concepto de "Thema Mundi", analizaremos sus orígenes y explicaremos por qué es vital en la astrología helenística. En la segunda parte destacaremos las diferencias entre las cartas helenísticas y las astrológicas modernas. También le explicaremos cómo puede transformar una carta astral moderna en una helenística.

¿Qué es "Thema Mundi"?

La astrología consiste en el estudio de los objetos celestes y sus movimientos. Se utiliza principalmente para predecir las cosas que ocurrirán en la vida de diferentes personas basándose en la posición de la Luna, el Sol, los planetas y las estrellas. La astrología comenzó debido a los intentos de los seres humanos por registrar, medir y predecir las fluctuaciones estacionales causadas principalmente por los cambios de posición de los objetos cósmicos.

El "Thema Mundi" se conoce como la carta astral del mundo, ya que era un método antiguo utilizado para comprender los principios fundamentales de la astrología. El siguiente gráfico ilustra el Thema Mundi, que marcó el origen del sistema tradicional de signos zodiacales.

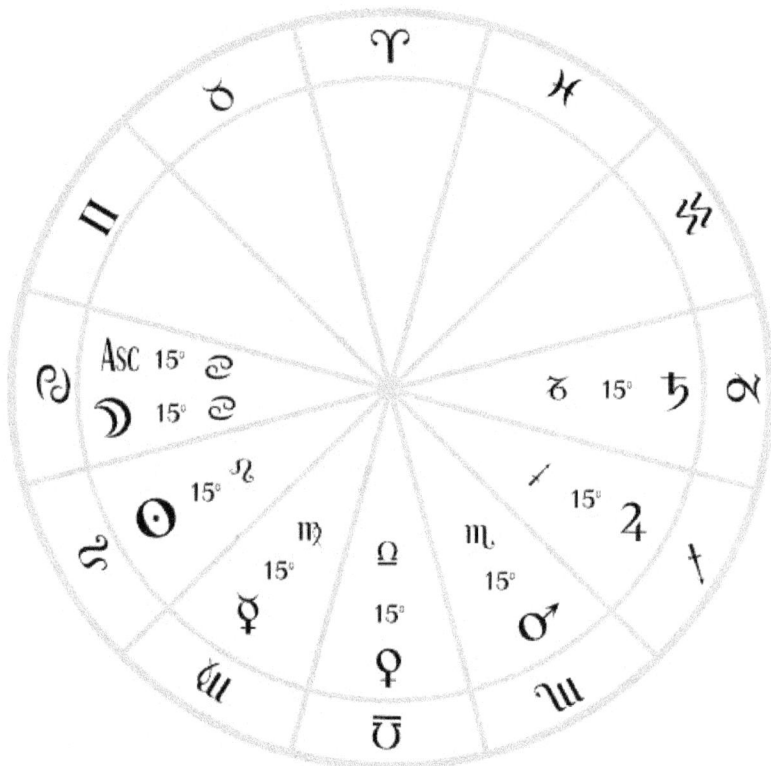

Thema Mundi

I, Meredith Garstin, CC BY-SA 3.0 <http://creativecommons.org/licenses/by-sa/3.0/>, via Wikimedia Commons https://upload.wikimedia.org/wikipedia/commons/7/74/Thema_Mundi.svg

Los signos del horóscopo marcaron el nacimiento del mundo que más tarde se conoció como Thema Mundi. En la astrología helenística se utilizaba como instrumento conceptual o didáctico. El sistema ofrecía un razonamiento para el gobierno de los signos y significados específicos de los signos comúnmente utilizados.

Hubo algunas variaciones en torno al Thema Mundi, pero todas las versiones tienen a Cáncer como el Ascendente. El resto de los planetas visibles se distribuyen en abanico siguiendo un orden zodiacal basado en factores como la velocidad y la distancia al Sol.

Según los regímenes tradicionales basados en el Thema Mundi, la Luna rige Cáncer, mientras que Leo está regido por el Sol. El Thema Mundi se refiere a "tema" y también significa carta. Se utilizaba como horóscopo en la astrología helenística que mostraba las posiciones de los únicos cuerpos celestes visibles, incluidos la Luna y el Sol, antes de la invención del telescopio. El Thema Mundi refleja la lógica que hay detrás de aspectos como las exaltaciones, los regimientos de los signos y los diferentes significados de otras cosas.

Hubo cierta confusión a finales de la Edad Media cuando se confundió el horóscopo con el Thema Mundi. La carta helenística se aleja de la creencia de que los signos y las casas están directamente correlacionados. La astrología moderna cree que el primer signo de Aries está correlacionado con la primera casa. Sin embargo, Cáncer es el ascendente en el Thema Mundi, lo que difiere significativamente de la astrología moderna.

¿Por qué es importante el Thema Mundi en la astrología helenística?

Se cree que el Thema Mundi muestra la posición ideal de las luminarias y los planetas. Si no está familiarizado con el tema y desea aprender astrología, puede utilizar el Thema Mundi. Desde tiempos inmemoriales, se ha utilizado como dispositivo de enseñanza para los astrólogos. La carta simbólica de los planetas muestra sus posiciones al principio de la existencia de la humanidad.

La carta se utilizó por primera vez en la enseñanza de la astrología en la época helenística, al igual que las fuentes tradicionales de origen árabe, griego y persa utilizaban para representar la carta astral. Se utilizó como modelo para las teorías evolutivas que se desarrollaron a lo largo de los siglos.

Otra razón por la que el Thema Mundi es importante es que proporciona detalles sobre los significados de los siete planetas originales que aparecen en la carta. También analiza el papel de estos planetas en la carta astrológica y en los momentos generales de la vida. El Thema Mundi destaca diferentes procesos vitales, incluidas las cuatro cualidades y las raíces, y finaliza el recorrido con los doce signos y casas del zodiaco. La carta también ayuda a los profesionales de la astrología a comprender mejor sus orígenes.

La carta Thema Mundi proporciona las posiciones de las dos luminarias, incluidos la Luna y el Sol, y las posiciones de los demás planetas. Demuestra la lógica que subyace a las exaltaciones planetarias y los signos regentes para darle una idea de la colocación de los distintos cuerpos durante la época de la creación. La carta no se correlaciona con ningún acontecimiento astronómico, ya que Mercurio y Venus están situados muy lejos del Sol.

Se cree que Thema Mundi surgió alrededor del año 322 a. C., y que ha desempeñado un papel clave en la astrología helenística. El tema sigue siendo relevante hoy en día, ya que es ideal para los principiantes en astrología que buscan formas de evaluar diferentes circunstancias. También se puede utilizar para planificar acontecimientos futuros, sobre todo si se necesita orientación. La mayoría de los astrólogos que operaban durante las primeras civilizaciones modernas se ocupaban sobre todo del destino y no de las ambiciones individuales. Por lo tanto, no todos los componentes de la carta de la astrología tradicional le importan. Sin embargo, la lectura de la astrología helenística puede ayudarle mucho a resolver sus circunstancias, resolver acontecimientos pasados y prepararse para las cosas que probablemente vendrán en el futuro.

Puede beneficiarse significativamente de la astrología helenística, ya que comprende tres grandes subdivisiones. La primera es la astrología universal, y se utiliza para predecir acontecimientos específicos que pueden afectar a muchas personas, como catástrofes naturales o incidentes relacionados con el clima como tsunamis o inundaciones. También puede utilizarse para predecir crisis provocadas por el hombre, como guerras o genocidios.

La astrología natal es la segunda subdivisión, y consiste en utilizar una fecha y hora de nacimiento individuales para crear una carta astral. Determina su personalidad y los caminos que probablemente tomará en la vida. La astrología kármica ayuda a las personas a elegir el mejor momento para realizar diferentes actividades según sus cartas natales. También puede ayudarle a elegir la fecha apropiada para ocasiones especiales como las bodas.

Diferentes aspectos de la astrología helenística son relevantes hoy en día y se utilizan en diversas ramas de la astrología. Sin embargo, la astrología helenística se diferencia de otros tipos por el concepto de las casas, que se sigue practicando hoy en día. Las cartas astrales se utilizan hoy en día para determinar el horóscopo y la trayectoria de una persona. La astrología helenística también condujo al desarrollo del concepto de Lotes formados por más de 12. El Lote de la Fortuna es probablemente el más importante.

¿Cuál es la principal diferencia entre las cartas helenísticas y las astrológicas modernas?

Las principales raíces de la astrología helenística se remontan al siglo XVIII a. C. en Babilonia. Los registros babilónicos de los objetos celestes son los documentos más antiguos seguidos en el mundo occidental en lo que respecta a los estudios astrológicos. En el siglo IV nació el sistema astrológico helenístico griego, cuyo origen se remonta al matemático griego Ptolomeo en el siglo II d. C. Se desarrolló la carta helenística, que incluye siete planetas, mientras que las cartas astrológicas modernas tienen 12 planetas, 12 signos del zodiaco y 12 casas.

Las cartas helenísticas son un sistema utilizado para predecir acontecimientos que probablemente ocurrirán en la vida de alguien, un grupo de personas o un estado. Las predicciones se obtienen mediante cálculos basados tanto en los movimientos como en las posiciones de los cuerpos celestes frente a objetos cósmicos que están permanentemente fijos. Los principales planetas son Marte, Venus, Júpiter, Saturno, Mercurio, el Sol y la Luna. Planetas como Neptuno, Plutón y Urano solo se añadieron a la carta astral tras la llegada del telescopio. Estos tres planetas se excluyeron de la carta helenística porque se creía que estaban demasiado lejos y no podían influir en los acontecimientos mundanos.

La astrología helenística se centra en el mundo exterior y en predicciones precisas de diversos acontecimientos concretos, mientras que la astrología moderna se centra en el mundo interior. La astrología moderna se basa en la astrología natal, que consiste en utilizar la carta astral de un cliente para proporcionarle asesoramiento psicológico. El zodiaco tropical se utiliza en la astrología moderna para centrarse en los acontecimientos futuros que pueden suceder en la vida de las personas. Según este concepto, el Sol influye enormemente en los acontecimientos que ocurren en la Tierra, ya que se encuentra en el centro del sistema solar. La relación entre el Sol y la Tierra constituye la base de la astrología moderna.

En la astrología moderna, todos los cálculos vienen determinados por la fecha de nacimiento del sujeto. Este tipo de astrología es horoscópica, y el cielo se divide para crear 88 constelaciones a lo largo de la trayectoria del Sol, que se utilizan para los cálculos. En una carta moderna, se utilizan 12 signos para calcular la posición del Sol cuando nació el individuo en cuestión. También intervienen 12 planetas y 12 casas que se cree que están correlacionados.

Los puntos de la carta moderna representan diferentes capas del yo, que pueden explicarse utilizando diferentes interpretaciones como las casas y los planetas. Por otro lado, los puntos de la carta helenística muestran circunstancias y personas que escapan a su control. La carta se centra en el panorama general.

Otro aspecto destacable de las cartas modernas es que se pueden consultar fácilmente en Internet y en libros. Son fáciles de entender en comparación con las complejas cartas helenísticas. Para entender una carta helenística, puede que necesite consultar a un astrólogo experimentado.

¿Cómo transformar una carta astral moderna en una helenística?

La astrología se ha utilizado durante miles de años para registrar o contar el tiempo. La Biblia y el Corán hacen referencia a fases lunares específicas para marcar fechas y meses concretos del año. Muchas civilizaciones también utilizaron el calendario lunar. En una cueva se descubrió una carta astral que se cree que es la más antigua con más de 2000 años. Esto demuestra que la gente desarrolló hace mucho tiempo un interés por utilizar la astrología como herramienta eficaz para desvelar conocimientos sobre los individuos.

En los tiempos modernos, las cartas astrales siguen utilizándose para proporcionarnos una comprensión más profunda de nosotros mismos y de cómo nos relacionamos con los demás en el mundo que nos rodea. Si está interesado en transformar su carta astral moderna en una helenística, es una buena idea generar su carta utilizando todo el sistema de signos.

Ante todo, debe conocer su fecha de nacimiento, año, hora y lugar antes de elaborar su carta astral. Podrá interpretar fácilmente su carta astral cuando disponga de toda la información. Sin embargo, debe elegir una aplicación en línea fiable que le ayude a obtener la carta natal que desea. Puede obtenerla gratuitamente si busca con cuidado en los sitios de astrología.

Cuando visite un sitio como Astrodienst que ofrece servicios gratuitos para crear su carta astral, haga clic en crear horóscopo como usuario invitado. Deberá introducir sus datos, incluidos el nombre, el sexo, la fecha de nacimiento, la hora de nacimiento, la ciudad y el país donde nació. Si dispone de la hora de nacimiento, todo el proceso resultará mucho más sencillo.

Bajo los dibujos de la carta del Horóscopo Ascendente, haga clic en dibujo de la carta y continúe. Verá su signo exacto y correcto y todos los demás detalles astrológicos debajo de su nombre. Si desea una gratuita, ésta es una de las formas más sencillas de conseguirla. Verá que la carta astral tiene forma de rueda y que debe moverse en el sentido contrario a las agujas del reloj a partir de la letra ascendente o AC. Por ejemplo, si Virgo rige su ascendente o casa 1, el regente planetario natural es Mercurio. Esto refleja una personalidad paciente y analítica. Marte es el planeta de la acción, y también se encuentra en la primera casa en Libra. Esta energía contribuye a crear un ambiente activo.

La segunda casa significa que sus asuntos financieros están en buenas manos, y Libra rige la casa. Las asociaciones mejorarán sus finanzas. A medida que vaya recorriendo cada casa, obtendrá la interpretación y el significado de cada una de ellas.

Los beneficios de trazar su carta astral de nacimiento

Elaborar un mapa de su carta astral tiene muchas ventajas, ya que le ayuda a conocer el momento exacto en el que nació. El zodiaco se utiliza habitualmente ya que tiene 12 signos y 12 casas. Cada signo del zodiaco tiene un significado diferente y cada casa muestra un aspecto distinto de nuestras vidas, como la familia, la educación, la salud, el amor y el trabajo.

La carta zodiacal también tiene el Sol y la Luna encima de los diez planetas utilizados por los astrólogos para comprender la psique de un individuo. Si traza un mapa de los planetas y signos zodiacales en una casa astrológica específica durante la época en que nació, podrá comprender mejor quién es usted.

El "Thema Mundi" se conoce como el tema o carta astral del mundo, ya que es uno de los métodos más antiguos utilizados para comprender los distintos principios de la astrología. El Thema Mundi y las cartas helenísticas han evolucionado y siguen siendo relevantes hoy en día. Aunque la carta astral natal o de nacimiento que comprende 12 casas, 12 signos y 12 planetas se utiliza habitualmente para predecir la vida individual, la astrología helenística sigue siendo relevante.

Capítulo 9: Las partes herméticas

En este capítulo nos centraremos en el concepto de las partes astrológicas. Explicaremos cómo se cree que son prehelenísticos y exploraremos su naturaleza hermética. El capítulo también explica quién fue Hermes Trismegisto para la astrología. La segunda parte esboza los nombres y proporciona instrucciones para calcular las siete suertes. Las fórmulas se basan en cartas diurnas y nocturnas.

Las partes herméticas

Las partes herméticas incluyen un conjunto de siete partes. Cada parte está vinculada a uno de los siete planetas visibles, o a la Luna, o al Sol. Estas partes se atribuyeron a Hermes Trismegisto, que contribuyó de forma decisiva a las tradiciones astrológicas helenísticas. Las partes pueden utilizarse para asignar temas a casas en las que el simbolismo del Ascendente y las configuraciones planetarias son cruciales para las partes. Forman un componente crítico de la delineación de la carta. En ausencia de las partes, no obtenemos la confirmación necesaria para ganar confianza en lo que indica la carta astral.

Antecedentes

Las partes se utilizaban principalmente en la astrología helenística y medieval, pero en cierto modo no se le da prioridad en la astrología moderna. Incluso hoy en día, parece que los astrólogos no utilizan las partes con regularidad. Hoy en día se las malinterpreta principalmente debido a la marginación que sufrieron en la astrología europea del

Renacimiento. Las partes eran muy populares en la astrología antigua.

En la época de William Lilly, en el siglo XVII, los astrólogos siguieron utilizando únicamente la Parte de la Fortuna. Sin embargo, los astrólogos antiguos creen que esta fortuna se utilizaba de forma extraña. El método de Lilly se conocía como "Fortuna", que ha continuado en la astrología moderna, aunque se malinterpreta y rara vez se utiliza. La Parte de la Fortuna sigue siendo importante, ya que se utiliza en la práctica horaria actual.

¿Quién fue Hermes Trismegisto en la tradición de la astrología?

Hermes Trismegisto (Hermes tres veces grande) surgió de la combinación de los dioses de la sabiduría Thot y Hermes, y está considerado como una de las figuras más difíciles de comprender de la historia intelectual. En el Egipto helenístico, a Thot se le dio el nombre de *Hermes*. El "sabio egipcio" también se ha asociado con escritos mágicos y místicos como la astrología, la alquimia, la trascendencia de Dios y la medicina.

Hermes Trismegisto

Ver página del autor, CC BY 4.0 <https://creativecommons.org/licenses/by/4.0>, via Wikimedia Commons
https://commons.wikimedia.org/wiki/File:Hermes_Trismegistus_illustration_Wellcome_L0016507.jpg

Según la moda euhemerística, Hermes también puede explicarse como el hijo del dios. Los historiadores dejan la especulación al ocultismo y la alquimia. Los filósofos del Renacimiento celebran a Hermes Trismegisto como el fundador de la filosofía, mientras que los francmasones lo consideran su antepasado. A Hermes se le considera una de las mayores figuras del ocultismo y también se le asocia con lo esotérico. Se cree que sus enseñanzas influyeron en las versiones cristiana y musulmana de la religión.

Predicción con partes

Las partes pueden utilizarse en trabajos de predicción, retornos solares, años planetarios, tránsitos y lugares. También se multiplicaron significativamente durante el periodo medieval debido al creciente interés por la astrología mundana. Muchas relacionadas con patrones meteorológicos específicos, actividades políticas y materias primas se utilizan con predicciones mundanas.

En los textos helenísticos se mencionan varias partes y su significado puede resultar confuso, ya que puede haber partes alternativas con el mismo significado. En el periodo helenístico, había unas 12 partes muy populares, la mayoría relacionadas con asuntos familiares y cuestiones generales sobre la vida. En la astrología medieval, las partes siguieron utilizándose. En este capítulo nos centraremos en las siete partes más importantes y proporcionaremos fórmulas para calcularlas.

La fórmula de las partes sigue una secuencia de A a B, lo que significa que las partes se mueven entre estos puntos durante el día y cubren la distancia inversa por la noche. La distancia "de A a B" se proyecta desde el Ascendente, lo que significa que ésta es la fórmula diurna utilizada para calcular la parte. A continuación, se presentan los cálculos de las partes comunes.

La Parte de la Fortuna

La Fortuna es la parte más famosa y también se le conoce como la Parte de la Luna. Es conocida por las cosas de naturaleza física o las circunstancias que rodean al cuerpo. Calculamos la Fortuna tomando la distancia desde la luz de la secta donde el Sol está por encima del horizonte hasta la luz de la no-secta que se refiere a la Luna cuando el Sol está por debajo del horizonte. Siga la distancia desde el Ascendente y observe el grado y la casa en la que cae.

La fórmula de la Parte de la Fortuna es:

- **Carta Diurna:** Ascendente + Luna - Sol
- **Carta Nocturna:** Ascendente - Luna + Sol

El sol puede estar por encima del horizonte, lo que afecta enormemente a la carta. Debe invertir la medida entre la luna y el sol por la noche. Al trazar, obtendrá el arco midiendo desde la luna hasta el sol, utilizando los signos para la dirección.

La Fortuna no solo tiene que ver con el dinero y la suerte. Podemos considerarla mejor como azar y situación. La fortuna se utiliza comúnmente para significar las cosas que pueden sucederle fuera de su control, especialmente si están relacionadas con la salud. La Parte de la Fortuna se utilizaba en otros barrios para representar la fortuna, el cuerpo y la salud. Los astrólogos utilizaban la fortuna para indicar riqueza o bienestar material, mientras que las cartas horarias la emplean para marcar el éxito.

Sin embargo, la Fortuna por sí sola no es un indicador perfecto de salud y riqueza. Tiene su lugar cuando se trata de delinear cada tema. La Fortuna puede utilizarse como factor de predicción en lo que respecta a sucesos relacionados con las finanzas o el cuerpo.

El éxito o la riqueza son asuntos complejos de determinar y se basan en otros factores como las estrellas fijas. La Fortuna puede indicar algo que resultará ser lo contrario de la situación actual.

La Parte del Espíritu

La Parte de la Fortuna tiene que ver con el cuerpo, el bienestar, la fortuna y la salud de la persona implicada. La fórmula de la Parte del Espíritu es la inversa de la utilizada para la Parte de la Fortuna. Las fórmulas son las siguientes:

- **Carta Diurna:** Ascendente - Luna + Sol
- **Carta Nocturna:** Ascendente + Luna - Sol

El cálculo de la Parte del Espíritu es opuesto a la Fortuna y distante del ascendente, lo que significa que se complementan. Conectado a la creatividad y a su voluntad, puede mostrar cómo actuará y se controlará ante determinadas situaciones.

Al igual que la Fortuna, el Espíritu tiene un significado estrechamente relacionado con el Ascendente, especialmente las significaciones de carácter y capacidad. Las significaciones suelen asociarse más con el regente de la casa que con el lugar. Las figuras del espíritu implicadas en los tratamientos helenísticos incluyen el temperamento, el carácter y la aptitud profesional. También se aventura en el análisis de las dolencias mentales y corporales en Valens. Las circunstancias sociales y mentales son los denominadores comunes a todas las significaciones, aunque la salud no se pasa completamente por alto.

La Parte de la Necesidad

La Parte de la Necesidad significa sumisiones, limitaciones, luchas, odios, enemistades, guerras y todas las demás cosas restrictivas que pueden sobrevenir a las personas como consecuencia de su nacimiento. También se le conoce como la Parte de la Pobreza, la Parte de Mercurio o la Parte de la Pequeñez de Mente.

La siguiente fórmula representa la parte:

- **Carta Diurna:** Ascendente + Fortuna - Mercurio
- **Carta Nocturna:** Ascendente + Mercurio - Fortuna

La Parte de la Necesidad no es muy común en la astrología helenística, pero es uno de los más eficaces, según Valens. El opuesto de esta parte en particular es la Parte del Amor. Las significaciones de la Parte de la Necesidad están relacionadas con asociaciones negativas y también con Mercurio. Se relaciona con la forma en que uno aborda la cuestión de los retadores, competidores, adversarios y enemigos.

Cuando está en buen estado, refleja cosas como la competencia reinante, las disputas y el trato justo de la ley. En su mal estado, muestra los ataques de los adversarios, los desafíos legales, el trato injusto y el odio. El Amor se centra en los diferentes tipos de relaciones que perseguimos, y la Necesidad se relaciona con las relaciones con las que tenemos que lidiar o más bien evitar.

La Parte de Eros

La Parte de Eros, Parte del Amor, Parte del Deseo o Parte de Venus. Significa los apetitos que tenemos por el favor mutuo y la amistad. Su fórmula es:

- **Carta Diurna:** Ascendente + Venus - Espíritu
- **Carta Nocturna:** Ascendente + Espíritu - Venus

El opuesto de la Parte del Amor es la Parte de la Necesidad. Estos dos lotes tienen una relación especial. Las significaciones del Amor están conectadas con las de Venus y el séptimo lugar. La suerte pertenece principalmente a la amistad, el deseo y las asociaciones y alianzas agradables. La simpatía entre los signos de igual ascensión suele ser más sólida si se encuentra en las cartas con cruces simpáticas. El amor se utilizó para delinear la sexualidad, la amistad y lo que la gente suele hacer por placer.

La Parte del Valor

La fórmula de la Parte del Valor se representa de la siguiente manera:
- **Carta Diurna:** Ascendente + Fortuna - Marte
- **Carta Nocturna:** Ascendente + Marte - Fortuna

En esta parte, el valor contribuye significativamente a la audacia, la fuerza, la traición y la villanía. Este signo está basado en Marte y proporciona rasgos de fortaleza a los nativos. Se basa en el cuerpo físico o la fortuna, así como en las acciones de Marte. Cuando este solar se sitúa en la casa, parece reflejar nuestros peores temores y las cosas a las que debemos enfrentarnos. Sin embargo, con el valor suficiente, podrá superar algunos de estos retos sin importar el miedo. Enfrentarse a diferentes situaciones en la vida puede ser todo un reto, por lo que debe tener el valor de afrontar cualquier situación que se le presente.

La Parte de la Victoria

La Parte de la Victoria está basada en Júpiter y contribuye de forma significativa a la confianza, las buenas expectativas, las asociaciones y los concursos. Su fórmula es la siguiente:
- **Lote Diurno:** Ascendente + Júpiter - Espíritu
- **Lote Nocturno:** Ascendente + Espíritu - Júpiter

Aunque la victoria está asociada a cosas buenas como las recompensas, a veces puede contribuir a las penalizaciones. La penalización es el castigo, y es algo que no debe apreciarse. Por lo tanto, es una buena idea utilizar este lote para predecir cosas positivas que puedan dar un giro a su vida. Al abordar diferentes cosas, debe tener una actitud positiva y buenas expectativas en todo lo que haga.

Cuando logre sus objetivos, debe mostrar aprecio y gratitud para disfrutarlos durante mucho tiempo. Algunas personas no consiguen alcanzar sus objetivos debido al miedo generalizado a lo desconocido. Si no tiene un plan formidable, puede experimentar diferentes problemas en su viaje para conseguir las cosas que desea. Sin embargo, nada es imposible y puede utilizarlo para inspirarse.

La Parte de Némesis

La Parte de Némesis se basa en Saturno, reflejando las diferentes cosas que tienen más probabilidades de impactar a los nativos. Si desea alcanzar un determinado objetivo, hay muchas cosas que pueden hundirle. Por ejemplo, la publicidad negativa o la cobertura desfavorable de los medios de comunicación pueden ser su perdición. La fórmula para esta parte es:

- **Carta Diurna:** Ascendente + Fortuna - Saturno
- **Lote Nocturno:** Ascendente + Saturno - Fortuna

Esta parte puede contribuir a destinos subterráneos y resultados helados como la impotencia, la pena, la destrucción, el exilio y la calidad de la muerte. A continuación, se indican algunos de los aspectos ineludibles que pueden afectarle. En Aries, elementos como la impaciencia o la espada en Tauro.

Es vital que comprenda su signo y los aspectos que pueden afectarle en su empeño por alcanzar diferentes objetivos. En Géminis, los medios de comunicación, la calumnia y el estilo de vida engañoso son algunas de las cuestiones de las que debe desconfiar. La inseguridad, perderse y las grandes aglomeraciones son las principales cosas de las que debe cuidarse. El orgullo y la arrogancia son algunos de los principales problemas de los que debe cuidarse si pertenece a Leo.

Cuando se trata de Virgo, sacar conclusiones precipitadas y la falta de fe pueden ser sus mayores enemigos. En Libra, deberá estar atento a aspectos como la separación y el divorcio. En Escorpio, los celos, los asesinatos, los complots y la falta de confianza son las principales amenazas que puede experimentar. En Capricornio, la negligencia y el descuido no deben caracterizar su vida si desea obtener resultados positivos.

Las partes se utilizaban en la astrología helenística y medieval, y cada una de ellas está vinculada a los planetas visibles. Estas partes se atribuían a Hermes, que contribuyó significativamente a la astrología helenística. La función principal de las partes es ayudar a los astrólogos a asignar diferentes temas a las casas de la carta astral para ayudar a las personas implicadas a predecir diferentes cosas que pueden repercutir en sus vidas. Las partes constituyen un aspecto crucial de la delineación de la carta. Sin las partes, podemos encontrarnos con dificultades relacionadas con la interpretación de las casas y otros componentes de las cartas astrales.

Capítulo 10: Técnicas helenísticas antiguas

En el capítulo anterior tratamos las partes. En éste veremos las otras seis técnicas helenísticas importantes. Éstas incluyen el decano ascendente, el señor de la natividad, los dispositores de la natividad, los planetas/señores en las casas, la aplicación y separación de la luna y el duodécimo armónico. Proporcionamos una explicación detallada de cada concepto para ayudar a los lectores a comprender su aplicación.

El decanato Ascendente

¿Ha pensado alguna vez por qué las personas que pertenecen al mismo signo zodiacal son diferentes? Todos los individuos con el Sol en Aries son diferentes, y toda la carta astral lo determina. Los antiguos astrólogos dividían cada signo zodiacal en divisiones conocidas como decanatos o decanatos. Los signos zodiacales se dividen utilizando el método de las triplicidades, que incluye tres cualesquiera de los cuatro elementos clásicos, a saber, agua, aire, fuego y tierra. Cada signo zodiacal se subdivide, por tanto, en tres partes iguales que constan de diez grados cada una.

Si desea comprender las diferentes cosas que tienen lugar en su vida, puede que sea necesario conocer estos decanatos. Los decanatos han demostrado su eficacia, especialmente en la astrología predictiva en el horóscopo. El regente del decanato ascendente en un signo concreto de la carta influye de forma drástica en toda la vida si el regente realiza algún elemento significativo durante el tiempo en cuestión. La influencia del decano afecta a diferentes aspectos del zodiaco.

Una carta astral tiene doce signos zodiacales, lo que significa que cada signo ocupa 30 grados. Los doce signos constituyen 360 grados para crear una carta astral completa. Cada signo se subdivide en tres decanatos que constan de 10 grados. Cada decanato consta de una regla que se convierte en subregla de ese signo concreto. Cuando se familiarice con las triplicidades, que incluyen la tierra, el fuego, el agua y el aire, le resultará más fácil conocer los subregentes de cada decanato en particular. El decanato de cada signo pertenece a la misma triplicidad y sigue el mismo orden que en el zodiaco. Por ejemplo, el primer decanato de Aries está regido por Marte, mientras que el segundo decanato es Leo, regido por el Sol. Por lo tanto, el segundo decanato de Aries también está regido por el Sol. Debe saber que cada decano perteneciente a la misma triplicidad, en este caso, tiene un elemento fuego.

Los decanatos de Aries son los siguientes:

Primer decanato Aries: Del 21 al 30 de marzo, de 0 grados a 10 grados y está regido por Marte. El primer decanato es el más enérgico y está influido por Marte. Las personas que pertenecen a este decanato pueden entusiasmar a los que les rodean y tienen una inocencia infantil entrañable. Tienen un gran entusiasmo y quieren vivir al máximo.

Segundo decanato Aries: Del 31 de marzo al 9 de abril, de 10 grados a 20 grados y está regido por el Sol. El segundo decanato está formado por los rayos del Sol, y los individuos que pertenecen a este decanato mantendrán sus objetivos, principios y ambiciones incluso en condiciones difíciles. Están centrados y esto les ayuda a enfocar el panorama general.

Tercer decanato Aries: Del 10 al 20 de abril, de 20 grados a 30 grados y está regido por Júpiter. Este tercer decanato está formado por los rayos de Júpiter. Es audaz, ansioso y muestra signos de querer ser siempre el primero. Los individuos que pertenecen a este decanato son intelectuales con un fuerte sentido del individualismo. Se esfuerzan por evitar los escenarios en los que se ven obligados a conformarse o a adoptar la mentalidad del rebaño. Son independientes y lo bastante inteligentes como para no caer en las exigencias de los demás.

El Señor de la Natividad

Un planeta, el regente del horóscopo o regente de la carta, se describe como el Señor de la Natividad, y éste es el Señor del Ascendente. Sin embargo, se utilizan reglas específicas para determinar el Señor de la primera casa. Un Señor del Ascendente mal aspectado y en un signo poco favorable puede sustituirse por un planeta más elevado, si existe. Deben considerarse otros planetas para determinar el Señor del Nacimiento utilizando los dos enfoques que se describen a continuación:

Primer enfoque

1. Si el planeta es angular, el Señor se convierte en el señor del domicilio del Medio Cielo.
2. El planeta que se encuentra en el Medio Cielo (o décima casa) es el Señor. Si no hay ningún planeta en el Medio Cielo, el Señor se convierte en un planeta que se encuentra en la undécima casa.

Segundo enfoque

Otros planetas también pueden convertirse en Señor de la Natividad cuando se dan las siguientes condiciones.

1. El planeta es el señor del domicilio del Ascendente.
2. El planeta está dentro del signo ascendente con vínculos con el Ascendente.
3. El Señor de la Luna.
4. La Parte de la Fortuna.
5. Si un planeta puede estar en heliacal (la última fase de un planeta) - poniente, ascendente o retrógrado en un espacio de siete días desde el nacimiento. En caso de varios planetas, se preferirá el que no esté bajo los rayos.
6. La lunación prenatal puede ser el señor ligado.

El Señor de la Natividad se considera generalmente como el plano con las siguientes características.

- Puede salir de los rayos del Sol.
- Según el regimiento zodiacal, un planeta que tiene más dignidad o está más familiarizado con su ubicación.
- Debe ser el más poderoso en función de su configuración con respecto a otros astros de la carta.
- Debe ser el más poderoso en relación con la figura del nacimiento.

Dispositores de la Natividad

El regente natal o el Señor de esa casa en particular es el dispositor. El término dispositor significa "arreglador" en latín o también se refiere al proceso de poner orden. En astrología, un dispositor se conoce como un planeta capaz de disponer de otro planeta. En otras palabras, ese planeta ejerce más poder o influye en el planeta porque se encuentra en su casa. Disponer también significa ordenar o regular.

Cuando el Señor se coloca junto a un signo que se encuentra en una carta particular, esto muestra la influencia del signo en la cúspide. La colocación del señor por la casa dentro de la misma carta también muestra las áreas relacionadas que controlan los asuntos de la casa. El señor de la primera casa se conoce como el señor del ascendente. Los aspectos que existen entre los dispositores de las dos casas muestran cómo las conexiones en sus asuntos influyen en la vida del individuo.

Si el Señor de una casa se posa en otra, se produce la recepción mutua de las casas. Este emparejamiento combina los asuntos y muestra los vínculos entre las dos casas implicadas. La situación es similar a la recepción mutua planetaria, en la que se comparten las energías en los asuntos de las dos casas.

Planetas y Señores en las casas

La carta astral es más bien una instantánea que refleja la conexión entre la Tierra, los demás planetas y su vida. La carta consta de 12 casas, que representan dónde tiene lugar la verdadera acción de su vida. La fecha, la hora y el lugar de su nacimiento señalarán el signo que regirá la casa de su carta astral. El gobierno puede atribuirse a los signos del zodiaco o a los puntos de una casa donde se cruzan en la rueda.

La casa es la fuerza fundamental de la astrología cuando se trata de asuntos terrenales. Por ejemplo, cada casa está asociada a diferentes aspectos de la vida como la carrera, el amor, las relaciones y el hogar. Conocer su casa le ayudará a obtener una comprensión más profunda de sí mismo. Las casas también pueden darle una idea de las distintas cosas que pueden ocurrirle. Si puede predecir ciertas cosas de su vida, podrá tomar medidas correctivas para prepararse para cualquier cosa.

La rueda del zodiaco comienza con la primera casa o Ascendente, que representa la posición del Sol donde salió en el momento de su nacimiento. El Sol rige su persona, su primera impresión y su identidad.

Las casas se mueven en sentido contrario a las agujas del reloj alrededor de la rueda zodiacal. Abarcan amplios temas de familia, sociedad y otros elementos que afectan a nuestras vidas de muchas maneras.

Cuando los distintos planetas se mueven alrededor del Sol y del signo zodiacal, pasan por las casas. Por ejemplo, si el planeta Venus pasa por Aries en el momento de su nacimiento y se encuentra en su primera casa de la individualidad, temas como la confianza y el amor propio ocuparán un lugar destacado en su vida. Como resultado, los astrólogos hacen diferentes interpretaciones de la carta basándose en los signos, los planetas y las casas de su carta astral.

Las seis primeras casas se conocen como "casas personales", ya que rigen diversos aspectos de la vida cotidiana, la familia y la comunidad. Las seis últimas casas se conocen como "casas interpersonales", ya que controlan experiencias que incluyen las relaciones, la carrera profesional, los viajes y las amistades. Estos componentes influyen en nuestras vidas de muchas maneras y a menudo determinan los resultados de las distintas cosas que hacemos en la vida.

Por ejemplo, la primera casa se refiere a los comienzos y dicta los orígenes de la identidad y del yo, sus nuevos empeños y su aspecto exterior. El signo zodiacal que regula la primera casa de su carta astral es el ascendente o el signo ascendente. Por lo tanto, la primera casa es significativa, ya que determina cómo se presenta usted a los demás y cómo le perciben. El yo de cada individuo crea las primeras impresiones de los demás, que son vitales, ya que determinan cómo se relacionará con ellos. Otras casas también definen otras características que le dan forma. Debe conocer su casa en la carta astral para comprenderse mejor a sí mismo.

La aplicación

Las antiguas técnicas helenísticas se diseñaron de forma que ayudaran a la gente a estudiar distintos aspectos de su vida utilizando objetos celestes. Si desea buscar información sobre su carta astral o su horóscopo diario, puede utilizar cualquiera de las muchas aplicaciones astrológicas disponibles. Por ejemplo, distintos tipos de libros de astrología y otras aplicaciones en línea proporcionan una amplia gama de información sobre la Tierra, las estrellas y otros planetas.

Hay opciones gratuitas que puede conseguir y que proporcionan detalles sobre información relacionada con el zodiaco que le ayudarán a comprenderse mejor a sí mismo. El calendario lunar es otra versión sencilla que le permite seguir los ciclos de la Luna e incorporar sus fases a su rutina diaria. Las fases lunares significan diferentes cosas que puede aplicar en su vida. También puede aprender diferentes lecciones astrológicas observando los cambios en el mundo que le rodea.

El duodécimo armónico

Las cartas del duodécimo armónico forman parte de la astrología moderna, ya que emplean métodos astrológicos avanzados. La astrología armónica consiste en una interpretación detallada de las diferentes energías desglosadas a partir de los aspectos natales de una carta. El duodécimo armónico se considera el yo secundario. La conexión de las duadas con la natal demuestra que el duodécimo armónico es muy preciso.

El duodécimo armónico revela diferentes aspectos sobre las personas, como la canalización de sus energías hacia determinados temas de la vida como el poder, la creatividad, la sexualidad o el amor. Las duadas son capas de planetas natales o los puntos que modifican sus energías. Las interpretaciones de las duodécimas armónicas influyen significativamente en el comportamiento humano de muchas maneras.

Aparte de las duadas, también se utilizan seis técnicas de la astrología helenística con fines predictivos. Ayudan a las personas a comprender aspectos de su vida que no son fácilmente evidentes. Aunque algunas de estas técnicas son antiguas, se utilizan en otras culturas e influyen de forma diferente en la vida de las personas. Es esencial comprender cada técnica antes de aplicarla a su vida si desea obtener resultados significativos.

Capítulo 11: Fabrique su propio astrolabio

En los capítulos anteriores, hemos tratado diferentes técnicas helenísticas que los astrólogos utilizaban para realizar diferentes tareas, incluidas las funciones de predicción basadas en características celestes. En este capítulo, nos centraremos en los astrolabios, que también son herramientas fundamentales para los astrólogos. Explicaremos cómo los utilizaban los astrólogos helenísticos y cómo los lectores pueden aplicar estos conocimientos en sus vidas. Por último, encontrará instrucciones paso a paso sobre cómo crear un astrolabio.

¿Qué es un astrolabio?

Un astrolabio es una herramienta científica que se utiliza con fines de observación, para calcular el tiempo o para generar los resultados deseados utilizando el universo. Permite a los astrónomos utilizar la posición del Sol o de las estrellas más destacadas para calcular resultados que pueden utilizarse para distintos fines como la navegación. Los astrólogos utilizaban los astrolabios para hacerse una idea de la imagen de la esfera celeste que les ayudara a conocer diversos aspectos de la vida de una persona.

Los astrolabios se remontan al siglo VI y se han utilizado ampliamente desde principios de la Edad Media en distintas partes del mundo. Alrededor del siglo XV, fueron adoptados por exploradores, astrólogos, marinos y otros para estudiar las esferas celestes. Los astrolabios se consideraron la herramienta astrológica más utilizada hasta la década de 1650, cuando se inventaron dispositivos más avanzados.

El astrolabio comenzó siendo un disco de metal grabado, pero con el tiempo se le fueron añadiendo nuevas características. Desde su invención, ha habido diferentes tipos de astrolabios con variantes más pequeñas y grandes. Se utilizaban para diversos fines, como la navegación, el cálculo del tiempo, la exploración, el cálculo de horóscopos, la astrología, la oración, la astronomía, el cronometraje y la creación de cartas astrales.

Cómo utilizaban los astrólogos helenísticos los astrolabios

Los astrólogos helenísticos utilizaban principalmente este instrumento para estudiar diferentes aspectos de las cartas astrales. Un astrolabio es un disco (*Mater*) que sostiene placas (Tímpano) y puede medir la ubicación específica de los cuerpos celestes. Sobre el tímpano y la mater hay un *rete* (una "tela de araña" en latín, por tanto, una especie de red) que puede girar libremente y que consta de varios punteros. Estos punteros se utilizaban para indicar las posiciones de las estrellas más brillantes del cielo.

Hay muchas formas diferentes de punteros: bolas, manos, hojas, estrellas y muchas más. Con las estrellas, puede girar el puntero hasta que las estrellas se desplacen sobre las proyecciones. Cada rotación denota un día en el paso del tiempo.

Los astrónomos supusieron que las estrellas del cielo estaban situadas a la misma distancia de la Tierra cuando cartografiaron los cielos. Utilizando este modelo, crearon una representación bidimensional de la esfera celeste, visible en astrolabios y cartas estelares. El resultado fue una representación estelar de un mapa de la Tierra. La parte frontal del astrolabio se utilizaba para mostrar el mapa del cielo nocturno que aparecía en forma de una rete giratoria similar a una red. Los escritores medievales describían el rete como la araña.

El componente más crucial del astrolabio tradicional es una placa metálica circular de unos 15 centímetros de diámetro. Puede colgarse en posición vertical cuando está suspendido por una anilla. La otra cara del disco es negra y consta de varias medidas circulares como 360 grados, 12 para los meses, 365 ¼ para los días de un año y otras. Los grabados se utilizaban para cálculos trigonométricos, y el círculo exterior del astrolabio tenía 24 divisiones que representaban las horas. Las constelaciones zodiacales se utilizaban para crear un calendario. El ecuador y los trópicos estaban grabados en el centro del disco que consistía en un polo celeste.

Otro disco podía fijarse a la parte delantera del instrumento y girarse. Se hicieron varios agujeros en el disco para permitir al usuario ver a través del cuerpo del astrolabio. Los cortes estaban destinados explícitamente a crear un mapa del cielo. También incluían un amplio anillo, llamas y lenguas que señalaban las principales estrellas del cielo. También se utilizaban finos papeles o discos grabados entre el círculo exterior y el disco celeste.

El astrolabio y sus componentes se utilizaban principalmente para medir la distancia y el tiempo utilizando la sombra proyectada por la alidada, también conocida como gnomon. El gnomon produce una sombra a partir de un elemento de forma cónica situado en el borde del disco circular. Así se formaba un ángulo igual a la diferencia entre la altitud y la hora para ese momento concreto del día. El ángulo podía utilizarse para diferenciar las horas del día, por lo que ayudaba a los astrólogos a crear una carta astral y marcar fechas. Si se quería utilizar el astrolabio para medir la altitud, primero había que determinar la latitud.

Había puntas en el rete que se correspondían con las posiciones de las estrellas. Podemos considerar la cabeza del perro como la posición de la Estrella del Perro (Sirio). También podía mostrar la trayectoria elíptica del sol respecto a una estrella y cómo se movía a través de los signos del zodiaco.

Otro aspecto crítico de la rete es que consistía en una placa escrita con la proyección del cielo sobre el observador en una latitud específica. Esta placa podía retirarse y se colocaban piezas calibradas para medir diferentes latitudes. La regla giratoria fijada en el centro del astrolabio se utilizaba principalmente para las lecturas.

El astrolabio tiene una barra giratoria en su parte posterior llamada etiqueta o alidada, y se utiliza para medir la altitud de diferentes elementos sobre el horizonte de varios cuerpos celestes. La parte posterior del instrumento está formada por grados que se utilizaban para tomar medidas de la altitud. También lleva grabados los signos del zodiaco y un calendario. Los astrólogos utilizaban estas características para medir las posiciones de diferentes objetos en el cielo.

Había puntas en el rete que se correspondían con las posiciones de las estrellas. Podemos considerar la cabeza del perro como la posición de la

Estrella del Perro (Sirio). También podía mostrar la trayectoria elíptica del sol respecto a una estrella y cómo se movía a través de los signos del zodiaco.

Otro aspecto crítico de la rete es que consistía en una placa escrita con la proyección del cielo sobre el observador en una latitud específica. Esta placa podía retirarse y se colocaban piezas calibradas para medir diferentes latitudes. La regla giratoria fijada en el centro del astrolabio se utilizaba principalmente para las lecturas.

El astrolabio tiene una barra giratoria en su parte posterior llamada etiqueta o alidada, y se utiliza para medir la altitud de diferentes elementos sobre el horizonte de varios cuerpos celestes. La parte posterior del instrumento está formada por grados que se utilizaban para tomar medidas de la altitud. También lleva grabados los signos del zodiaco y un calendario. Los astrólogos utilizaban estas características para medir las posiciones de diferentes objetos en el cielo.

Los usuarios pueden utilizar los datos del astrolabio para determinar su posición en el tiempo y el espacio. Esta información desempeñó un papel fundamental en la astrología, ya que se utilizó para determinar las respuestas a varias preguntas sobre cuestiones celestes. Los datos también se utilizaban como inferencia para resolver diferentes problemas con los que se encontraban las personas en su vida.

La astronomía ha influido enormemente en la astrología, ya que las mediciones de los planetas y las estrellas se han hecho más exactas. El movimiento de estos cuerpos celestes también puede seguirse con mayor precisión. Los astrolabios han tenido un valor incalculable y se han hecho más precisos a lo largo de los tiempos.

Los astrolabios se adoptaron posteriormente en distintas partes del mundo y dieron forma al tema de la astrología tal y como lo conocemos hoy en día. Aunque los astrolabios se utilizan poco hoy en día, siguen siendo bastante precisos. Puede fabricar su propio instrumento si desea tener una idea de cómo realizaban su trabajo los antiguos astrólogos.

Conclusión

Desde el principio de los tiempos, hemos estado observando el cielo, los planetas y las estrellas. Cada civilización, junto con su cultura y sus tradiciones, cobró vida esencialmente cuando un grupo de personas intentó dar sentido al mundo a su manera. No hay mejor forma de aprender sobre el mundo que buscando respuestas en el propio mundo, de ahí el desarrollo del estudio de la astrología. Los registros de prácticas astrológicas se remontan a entre 30.000 y 10.000 años a. C., lo que significa que nuestra comprensión actual de este campo se forjó a lo largo de eones.

Al principio, la gente solía ver la astrología desde un punto de vista determinista; creían que las leyes naturales que engloban la astrología influían en la voluntad personal, el destino, el entorno vital, etc. Y estas creencias tenían sentido porque les resultaba más fácil alinear sus vidas con los ciclos naturales de la Tierra, teniendo en cuenta sus estilos de vida cazadores-recolectores, agrícolas y nómadas.

Los distintos estudios de la astronomía y la astrología se consideraron el mismo campo durante varios siglos. Además de la falta de tecnología actual y de los limitados recursos de la época, la gente creía que ambas áreas de práctica iban de la mano debido a sus creencias supersticiosas. Hace eras, la capacidad de supervivencia de la gente dependía del estado general de la naturaleza. Muchas culturas pensaban que, si los dioses estaban enfadados, retendrían las lluvias para provocar sequías o instigarían una inundación para arrasar las cosechas. Para prepararse para lo desconocido, los humanos intentaron deducir patrones siguiendo la pista de las estrellas.

La humanidad y la tecnología evolucionaron, y la astrología también. Hemos ampliado nuestros conocimientos y elevado nuestra conciencia a lo largo de los siglos. Los avances que hemos logrado en campos como la astronomía, la ciencia, las matemáticas y la tecnología nos han permitido tener un mayor control sobre nuestras vidas. En lugar de necesitar la astrología para sobrevivir y recurrir a ella desde el miedo, ahora la consideramos una herramienta. La astrología moderna no solo se considera una forma de mejorar la propia vida (aprendiendo a utilizarla para aumentar el autoconocimiento, planificar, mejorar las relaciones, etc.), sino también un medio de entretenimiento para muchos.

Ahora que ha leído este libro, ya sabe cómo ha evolucionado la astrología a lo largo de los siglos hasta adoptar la forma que conocemos hoy en día y dispone de un magnífico punto de partida si desea aprender los entresijos de la astrología. También es una fuente ideal de amplios conocimientos para los lectores más experimentados que deseen aprender más. En cualquier caso, la lectura de este libro le habrá aportado muchos conocimientos sobre el origen de muchas prácticas y doctrinas astrológicas actuales.

Bono: Glosario de términos astrológicos

1. **Ascendente:** también denominado signo ascendente - está presente en la cúspide de la casa 1 de una carta astral. Se eleva en el horizonte oriental en el momento del nacimiento de una persona.
2. **Asedio:** la colocación de un planeta entre dos planetas maléficos o sus puntos de aspecto. Por el contrario, también puede ser la colocación de un planeta entre dos planetas benéficos.
3. **Benéfico:** planetas de su carta astral que tienen una influencia positiva o buena en su vida, y de los que se dice que traen fortuna.
4. **Ciclo lunar:** el ciclo lunar sigue el tránsito de la Luna alrededor de la órbita de la Tierra. Este movimiento alrededor de la Tierra y del Sol crea una sombra en la cara oculta de la Luna, lo que limita la luz que se refleja hacia la Tierra. Esto da lugar a la formación de formas específicas de la Luna. Estas formas dan lugar a las ocho fases de la Luna, que incluyen la Luna nueva, el cuarto creciente, el primer cuarto, la gibosa creciente, la Luna llena, la gibosa menguante, el tercer cuarto y la creciente menguante. Cada una de estas fases tiene su propio significado y afecta a los zodíacos.
5. **Compendio astrológico:** instrumento astrológico utilizado para saber la hora y realizar diversos cálculos. Este artilugio consta de varios dispositivos, entre ellos un reloj de sol, una brújula, volutas lunares y solares y un calendario perpetuo.

6. **Constelaciones:** grupo de estrellas que forman patrones reconocibles y que reciben su nombre de figuras mitológicas.
7. **Cuerpo luminoso:** las luminarias se utilizan para describir los cuerpos celestes que producen iluminación y se consideran los cuerpos astronómicos más importantes. Las luminarias se traducen como fuentes de luz; dos cuerpos luminarios principales son el Sol y la Luna. Las estrellas también se consideran cuerpos luminares importantes.
8. **Cuerpos celestes:** se utiliza para definir objetos en el espacio, principalmente planetas (Marte, Júpiter, Saturno, Neptuno, etc.), la Luna o estrellas como el Sol.
9. **Culminación:** el tránsito de un objeto celeste a través del meridiano. También conocidos como tránsitos meridianos, estos recorridos son de naturaleza circular y parecen producirse debido a la rotación de la Tierra.
10. **Cúspide:** la carta astral consta de un total de 12 casas y 12 signos. La línea que divide estos signos o casas se denomina cúspide. Por ejemplo, si su colocación natal está en la cúspide de Escorpio y Sagitario, significa que el Sol se colocó sobre esta línea divisoria cuando usted nació.
11. **Decanato:** subdivisiones de cada signo del zodiaco para delimitar aún más los rasgos de personalidad y la información astrológica. Cada signo del zodiaco se divide en tres decanatos, cada uno de 10 grados. Cada uno de estos decanatos también tiene regentes planetarios, lo que los convierte en subregentes que dan información sobre una persona específica.
12. **Delineación:** la interpretación de una carta astral o natal astrológica. Suele hacerla un astrólogo, pero hoy en día también puede generarse por ordenador.
13. **Deprimido:** se dice que un planeta está deprimido o en caída cuando se encuentra en el zodiaco exactamente opuesto al que rige. Esto significa esencialmente que las influencias del planeta regente bloquean la expresión y las características generales del planeta. Los asuntos asociados con este planeta probablemente le traerán angustia, preocupación y falta de aprecio.
14. **Descendente:** el punto opuesto al ascendente y también el punto donde se fija la eclíptica. Principalmente marca el final de la séptima casa, y es uno de los cuatro puntos que marcan la carta

astral.

15. **Distancia meridiana:** es la distancia de un planeta o un cuerpo celeste al meridiano, y se mide en grados, partiendo de la ascensión recta al ecuador celeste.

16. **Eclipse:** cuando la órbita de la Luna se alinea con el Sol para crear un efecto de lunación, se conoce como eclipse. Se producen diferentes tipos de eclipses, principalmente eclipses lunares y solares. Se dice que estos sucesos activan los nodos lunares, lo que puede tener un efecto dramático en nuestro zodiaco. Dependiendo de cuándo se produzcan estos eclipses, pueden afectar en gran medida a los aspectos asociados con los signos zodiacales específicos y traer cambios considerables en su vida.

17. **Equinoccio:** un equinoccio tiene lugar cuando la Tierra alinea su órbita directamente alrededor del Sol. De este modo, el Sol se sitúa directamente sobre el ecuador, lo que hace que la noche y el día tengan la misma duración, es decir, 12 horas. Este acontecimiento solo se produce dos veces al año, concretamente el 20 de marzo, conocido como el equinoccio de primavera, y el 23 de septiembre, el equinoccio de otoño.

18. **Exaltado:** se dice que un planeta está exaltado (o en domicilio) cuando se encuentra en el signo zodiacal que rige. Se siente como en casa en su territorio y, por tanto, se siente cómodo expresando rasgos y características propias del planeta. Los asuntos asociados a este planeta le aportarán reconocimiento y aprecio.

19. **Hermetismo:** el pensamiento hermético está asociado a la deidad Hermes. Según esta escuela de pensamiento en astrología, se considera que los movimientos de los planetas tienen un significado más allá de su sentido físico y que en realidad tienen un valor metafórico. En este sentido, estos movimientos afectan directamente a nuestras vidas en el sentido de que no dictan nuestras acciones, pero sí influyen en nuestras decisiones.

20. **Horóscopo:** un horóscopo es otro nombre para una carta astral y se utiliza para describir una carta astrológica que representa las distintas posiciones de las luminarias, es decir, el Sol y la Luna, así como los doce planetas en el momento de un acontecimiento. Se dice que estas posiciones influyen en gran medida en dicho acontecimiento.

21. La hora de salida es el tiempo que necesita un signo zodiacal para elevarse sobre el horizonte desde un lugar de observación concreto.
22. **Latitud:** las latitudes se utilizan para describir la ubicación específica con referencia al ecuador. Concretamente, la latitud terrestre se utiliza para definir la distancia angular de una ubicación desde el norte o el sur del ecuador terrestre. Del mismo modo, la latitud celeste se define como la distancia angular de un lugar determinado desde el sur o el norte de la eclíptica.
23. **Longitud:** la longitud va de la mano de la latitud numérica para describir ubicaciones específicas con referencia al ecuador. Es decir, las longitudes terrestres se utilizan para definir la distancia angular de un lugar al este o al oeste del meridiano, mientras que la longitud celeste define la distancia angular desde un punto a lo largo de la eclíptica.
24. **Lunación prenatal:** las cartas de lunación prenatal se utilizan para obtener información sobre nuestras interacciones en este mundo. Son tanto para la luna nueva como para la luna llena, y ponen de relieve nuestras capacidades y características específicas.
25. **Maléfico:** según la astrología, se dice que un planeta maléfico trae desgracia y mala suerte a las personas nacidas bajo él. Normalmente, Marte y Saturno se consideran planetas maléficos, siendo Marte el menor de los dos y Saturno el mayor presagio de mala suerte.
26. **Mediocielo:** uno de los cuatro puntos de una carta astral, el punto del mediocielo interseca el meridiano verticalmente y está situado en el extremo superior de esta línea de intersección.
27. **Meridiano:** es el círculo que pasa por el norte y el sur del horizonte desde un lugar de observación.
28. **Planeta regente:** los planetas regentes supervisan varios signos zodiacales y, por lo tanto, influyen en cómo interactuará un determinado signo. El planeta regente de un signo del zodiaco da una idea de los rasgos y personalidades principales de una persona.
29. **Planetas:** objetos o cuerpos celestes que se mueven a lo largo de órbitas fijas sobre el eje de estrellas fijas, principalmente, el Sol y la Luna. Entre ellos se encuentran Marte, Venus, Júpiter, Saturno, Neptuno y Plutón.

30. **Puesta helíaca:** es lo contrario de la salida helíaca. Tiene lugar cuando la estrella se pone después de la puesta de Sol. Es cuando el Sol está muy por debajo del horizonte occidental y se hace visible brevemente al atardecer.

31. **Retrógrado:** se dice que los planetas están retrógrados cuando parece que empiezan a moverse hacia atrás, o en dirección opuesta a su movimiento principal. Esto ocurre entre los cinco planetas no luminares y afecta significativamente a los zodiacos.

32. **Salida helíaca:** se dice que se produce cuando el Sol se adelanta tanto a la estrella que ésta se hace visible antes de que el Sol salga por la mañana. Así, una salida helíaca hará que la estrella salga mucho antes que el Sol cada mañana, y sea visible hasta que su luz la abrume.

33. **Solsticio:** lo contrario de un equinoccio, un solsticio tiene lugar cuando el Sol alcanza su excursión más hacia el sur o hacia el norte. Cada año tienen lugar dos solsticios, en torno al 21 de junio (solsticio de verano) y al 21 de diciembre (solsticio de invierno).

34. **Triplicidad:** las triplicidades son subclasificaciones de los grupos zodiacales en un grupo 3 que forma un triángulo equilátero. Estas triplicidades están regidas, por tanto, por tres planetas, regentes primarios, secundarios y participantes.

35. **Wicca:** la religión wiccana está clasificada como una religión pagana moderna. Los expertos clasifican esta escuela de pensamiento tanto como un movimiento religioso de reciente desarrollo como parte de las religiones esotéricas.

36. **Zigurat:** una estructura, generalmente encontrada en la antigua Mesopotamia. Tiene una estructura en terrazas de escalones en retroceso. Se utilizaba sobre todo para ver las estrellas y otros cuerpos celestes.

37. **Zodíaco:** un total de doce zodíacos se originan a partir de diversas constelaciones visibles en el cielo.

Vea más libros escritos por Mari Silva

Su regalo gratuito

¡Gracias por descargar este libro! Si desea aprender más acerca de varios temas de espiritualidad, entonces únase a la comunidad de Mari Silva y obtenga el MP3 de meditación guiada para despertar su tercer ojo. Este MP3 de meditación guiada está diseñado para abrir y fortalecer el tercer ojo para que pueda experimentar un estado superior de conciencia.

https://livetolearn.lpages.co/mari-silva-third-eye-meditation-mp3-spanish/

Referencias

Geomancia - Método de adivinación. (Sin fecha) Enciclopedia Británica.

Geomancia - Adivinación. (Sin fecha) Magizzle.Com. https://www.magizzle.com/geomancy/

Painter, S. (Sin fecha) La geomancia en el Feng Shui para principiantes. LoveToKnow. https://feng-shui.lovetoknow.com/feng-shui-tips/geomancy-feng-shui-beginners

(Sin fecha) Princeton.Edu. https://www.princeton.edu/~ezb/geomancy/geostep.html

(Sin fecha) Princeton.Edu. https://www.princeton.edu/~ezb/geomancy/geostep.html#:~:text=The%20astrological%20method%20%20i (whichs,%20u thesef%20o %20an%20astrolabe.

(Sin fecha) Psychicscience.Org. https://psychicscience.org/geomancy

(s.f.). Mapsofindia.Com. https://www.mapsofindia.com/my-india/uncategorized/significance-of-astrology-in-our-lives#:~:text=It%20is%20an%20importance%20aspect,mishap%20related%20to%20planetary%20positions

Astrología: Antigua y moderna. (s.f.). Classicsforall.Org.Uk. https://classicsforall.org.uk/reading-room/ad-familiares/astrology-ancient-and-modern

Cap, A. (2018, 20 de marzo). ¿Por qué aprender astrología antigua y su historia? - Anthony Cap. Medium https://medium.com/@sevenstarsastrology/why-learn-ancient-astrology-and-its-history-b533c8d1c9e

Experiencia, N. S. L., y Marchesella, J. (2021, 30 de abril). Los beneficios de la astrología. Thriveglobal.Com. https://thriveglobal.com/stories/the-benefits-of-astrology/

Columna invitada. (s.f.). 5 razones para estudiar astrología y cómo puede ayudar a su crecimiento personal. Smudailycampus.Com. https://www.smudailycampus.com/sponsoredcontent/tactadv/5-reasons-to-study-astrology-and-how-it-can-help-your-personal-growth

Hammonds, O. (2014, 5 de agosto). 3 beneficios de la astrología. 3 beneficios de. https://www.3benefitsof.com/3-benefits-of-astrology/

Macmillan, P. (2022, 1 de junio). ¿Por qué reaparece la astrología en el siglo XXI? Pan Macmillan. https://www.panmacmillan.com/blogs/lifestyle-wellbeing/the-popularity-of-astrology

Obert, C. (2011, 12 de octubre). Astrología tradicional y moderna. Estudiante de Astrología. https://studentofastrology.com/2011/10/traditional-and-modern-astrology/

Octubre. (2020, 27 de octubre). Las tres formas principales de la astrología actual. Brewminate: Una atrevida mezcla de noticias e ideas. https://brewminate.com/the-three-major-forms-of-modern-day-astrology/

Rubedo Press. (2019, 5 de enero). Los cinco primeros pasos en el aprendizaje de la astrología tradicional. Rubedo Press. https://rubedo.press/propaganda/2018/12/21/first-five-steps

Schatsky, B. (2020, 18 de junio). La astrología es una tendencia del siglo XXI. The Daily Northwestern. https://dailynorthwestern.com/2020/06/17/campus/astrology-an-unexpected-and-uniquely-modern-anchor-during-times-of-crisis/

Smallwood, C. (2019, 17 de octubre). La astrología en la era de la incertidumbre. New Yorker (Nueva York, N.Y.: 1925). https://www.newyorker.com/magazine/2019/10/28/astrology-in-the-age-of-uncertainty

¿Cuáles son las diferencias entre la astrología tradicional y la moderna? (s.f.). Quora. https://www.quora.com/What-are-the-differences-between-traditional-and-modern-astrology

Acerca del nombre estrellas errantes - ☿ estrellas errantes. (s.f.). ☿ Wandering Stars.

Adams, M. S. (2021, 10 de mayo). Mercurio, la luna y la gran palabra. Interlochen Public Radio. https://www.interlochenpublicradio.org/2021-05-10/mercury-the-moon-and-the-great-word

Todo sobre el mercurio. (s.f.). Nasa.Gov. https://spaceplace.nasa.gov/all-about-mercury/en/

Amón. (s.f.). Egyptianmuseum.Org. https://egyptianmuseum.org/deities-amun

AskAladdin. (s.f.). Isis dios egipcio - Isis la diosa de la fertilidad - AskAladdin. Egypt Travel Experts. https://ask-aladdin.com/egypt-gods/isis/

AstroTwins. (2020, 2 de marzo). ¿Qué son los planetas benéficos y maléficos en astrología? Astrostyle: Astrología y Horóscopos diarios, semanales y mensuales por The AstroTwins. https://astrostyle.com/benefic-and-malefic-planets/

Beringer, B. (2021, 26 de agosto). Su signo de Júpiter puede decirle mucho sobre su crecimiento personal. Bustle. https://www.bustle.com/life/jupiter-sign-meaning-astrology

Beringer-Tobing, B. (2022, 24 de marzo). Qué significa su signo de Saturno en astrología. POPSUGAR. https://www.popsugar.com/smart-living/saturn-sign-meaning-48757756

Bisht, N. (2022, 31 de marzo). Venus y la astrología: cómo afecta el planeta del amor a su vida sentimental. The Hindustan Times. https://www.hindustantimes.com/astrology/horoscope/venus-astrology-how-the-planet-of-love-affects-your-love-life-101648629708393.html

Brown, M. (2021, 28 de octubre). Lo que su signo de Marte significa sobre su energía, ira y vida sexual. Shape. https://www.shape.com/lifestyle/mind-and-body/astrology/mars-sign-meaning

Bunch, E. (2020, 16 de abril). Esto es lo que significa tener un planeta exaltado en su carta astrológica. Well+Good. https://www.wellandgood.com/exalted-planet-astrology/

Cain, F. (2008, 15 de mayo). ¿Cómo obtuvo Venus su nombre? Universe Today. https://www.universetoday.com/14281/how-did-venus-get-its-name/

Cessna, A. (2009, 8 de julio). Nombres de los planetas. Universe Today. https://www.universetoday.com/34362/names-of-the-planets/

Coffey, J. (2008, 4 de junio). El nombre de Marte. Universe Today. https://www.universetoday.com/14825/mars-is-named-after/

Cuna de la civilización. (2016, 24 de diciembre). Cuna de la civilización. https://aratta.wordpress.com/2016/12/24/the-mythological-origin-of-mercury/

Crane, L. (2016, 4 de abril). Estrellas errantes: Una breve historia de la definición de 'planeta' -. Lateral Magazine. 22 de marzo de 2018). Mercurio vuelve a entrar en retrógrado. Esta es la razón por la que tanta gente se preocupa. Time. https://time.com/5207161/mercury-retrograde-astrology-history/

Deimos, luna de Marte - el Sistema Solar en el mar y en el cielo. (s.f.). Seasky.Org.
http://www.seasky.org/solar-system/mars-deimos.html

Dhankher, N. (2021, 12 de septiembre). El tránsito retrógrado de Júpiter en Capricornio 2021: Cómo aprovechar su abundancia. The Hindustan Times. https://www.hindustantimes.com/astrology/your-fortune-today/jupiters-retrograde-transit-in-capricorn-2021-how-to-tap-into-its-abundance-101631343877265.html

Los primeros tiempos. (s.f.). Nasa.Gov. https://mars.nasa.gov/allaboutmars/mystique/history/early/

Editores, C. R. (2018). Thot: La historia y el legado del antiguo dios egipcio que mantiene el universo. Createspace Independent Publishing Platform.

ESO. (s.f.). ESO https://www.eso.org/public/outreach/eduoff/vt-2004/Background/Infol2/EIS-D9.html

Planetas exaltados y debilitados. (2016, 20 de febrero). AstrologerPanditJi.Com. https://www.astrologerpanditji.com/page25.htm

Francos, E. (2022, 19 de enero). ¿Qué significa su signo de Saturno en astrología? YourTango. https://www.yourtango.com/2019328839/astrology-saturn-natal-chart-meaning-each-zodiac-sign-house

Grossman, L. (2016). ¿Y si... pusiéramos una colonia en Marte? New Scientist (1971), 232(3100), 38. https://doi.org/10.1016/s0262-4079(16)32131-5

Hall, M. (2007, 8 de abril). Mercurio en Astrología. LiveAbout. https://www.liveabout.com/mercury-in-astrology-206363

¿Cómo obtuvieron Marte y sus lunas sus nombres? (s.f.). Cool Cosmos. https://coolcosmos.ipac.caltech.edu/ask/86-How-did-Mars-and-its-moons-get-their-names-

¿Cómo recibió Mercurio su nombre? (s.f.). Cool Cosmos. https://coolcosmos.ipac.caltech.edu/ask/33-How-did-Mercury-get-its-name-

¿Cómo obtuvo Saturno su nombre? (s.f.). Cool Cosmos. https://coolcosmos.ipac.caltech.edu/ask/115-How-did-Saturn-get-its-name-

¿Cómo se llamaron los planetas? (s.f.). Cool Cosmos.https://coolcosmos.ipac.caltech.edu/ask/196-How-did-the-planets-get-their-names-

¿Cómo recibió Venus su nombre? (s.f.). Cool Cosmos. https://coolcosmos.ipac.caltech.edu/ask/41-How-did-Venus-get-its-name-

¿Qué es Júpiter? https://www.nasa.gov/audience/forstudents/5-8/features/nasa-knows/what-is-jupiter-58.html

A fondo. (s.f.-a). Exploración del Sistema Solar de la NASA. https://solarsystem.nasa.gov/planets/venus/in-depth/

A fondo. (s.f.-b). Exploración del Sistema Solar de la NASA. https://solarsystem.nasa.gov/planets/saturn/in-depth/

Datos interesantes sobre Venus. (s.f.). Rmg.Co.Uk https://www.rmg.co.uk/stories/topics/interesting-facts-about-venus

Jawer, J. (2018, 6 de enero). Planetas exaltados en astrología. Tarot.Com. https://www.tarot.com/astrology/exalted-planets

Júpiter: el generoso planeta de la riqueza y la sabiduría. (2021, 6 de octubre). GaneshaSpeaks. https://www.ganeshaspeaks.com/astrology/planets/jupiter/

Júpiter, rey de los dioses, en Astrología/zodiaco. (2015, 13 de abril). Cafeastrology.Com; Cafe Astrology .com. https://cafeastrology.com/jupiter.html

Kedziora-Chudczer, L. (2019, 9 de septiembre). Niños curiosos: ¿por qué Saturno tiene anillos? The Conversation. http://theconversation.com/curious-kids-why-does-saturn-have-rings-121433

Kelly, A. (2018, 31 de julio). Qué significa para usted la posición de Venus en su carta astral. Allure. https://www.allure.com/story/venus-birth-chart-planet-of-love

Machholz, D., Whitt, K. K., & Byrd, D. (2021, 28 de noviembre). ¿Por qué Venus es tan brillante? EarthSky | Updates on Your Cosmos and World; EarthSky. https://earthsky.org/astronomy-essentials/why-is-venus-so-bright/

Mark, J. J. (2017). Nergal. World History Encyclopedia. https://www.worldhistory.org/Nergal/

Marte, dios de la guerra, en la Astrología/zodiaco. (2015a, 13 de abril). Cafeastrology.Com; Cafe Astrology .com. https://cafeastrology.com/mars.html

Marte, dios de la guerra, en la Astrología/zodiaco. (2015b, 13 de abril). Cafeastrology.Com; Cafe Astrology .com. https://cafeastrology.com/mars.html

Marte, dios de la guerra, en la Astrología/zodiaco. (2015b, 13 de abril). Cafeastrology.Com; Cafe Astrology .com. https://cafeastrology.com/mercury.html

Mercurio, mensajero de los dioses, en Astrología/zodiaco. (2015b, 19 de abril). Cafeastrology.Com; Cafe Astrology .com. https://cafeastrology.com/mercury.html

Oomen, M. (2022, 15 de marzo). Encuentre los planetas benéficos y maléficos en la carta astral. Artículos de astrología | Clickastro Blog. https://www.clickastro.com/blog/planets-in-birth-chart/

Pappas, S. (2012, 5 de junio). Cinco datos curiosos que quizá no conozca sobre Venus. NBC News. https://www.nbcnews.com/id/wbna47694036

Fobos, luna de Marte - el sistema solar en el mar y en el cielo. (s.f.). Seasky.Org. http://www.seasky.org/solar-system/mars-phobos.html

Planeta Mercurio. (s.f.). Urban Astrologer https://www.urban-astrologer.com/planet-mercury.html

El planeta Mercurio en la astrología. (s.f.). Astrosage.Com. https://www.astrosage.com/planet/mercury/

Planetas y astrología: Saturno. (2016, 8 de noviembre). Astrostyle: Astrología y Horóscopos diarios, semanales y mensuales por The AstroTwins; The AstroTwinshttps://astrostyle.com/astrology-planets-saturn/

Retrógrados: Cuando los planetas van "hacia atrás" en astrología. (2013, 19 de octubre). Astrostyle: Astrología y Horóscopos diarios, semanales y mensuales por The AstroTwins; The AstroTwins. https://astrostyle.com/learn-astrology/retrogrades/

Saturno. (s.f.). Exploración del Sistema Solar de la NASA. https://solarsystem.nasa.gov/planets/saturn/overview/

Saturno. (2017, 23 de febrero). Greek Gods & Goddesses. https://greekgodsandgoddesses.net/gods/saturn/

Saturno en Astrología, zodiaco. (2015, 19 de abril). Cafeastrology.Com; Cafe Astrology .com. https://cafeastrology.com/saturn.html

Saturno: La joya del sistema solar. (s.f.). Exploratorium.Edu. https://www.exploratorium.edu/saturn/saturn.html

Sesay, A. (2020, 20 de octubre). Su signo de Saturno es su maestro cósmico-aquí tiene cómo encontrar el suyo. Cosmopolitan. https://www.cosmopolitan.com/lifestyle/a34426595/saturn-sign-meaning/

Stardust, L. (2021, 11 de junio). La mejor forma de atravesar Mercurio retrógrado es no hacer nada en absoluto. Oprah Daily. https://www.oprahdaily.com/entertainment/a36593904/what-is-mercury-retrograde-meaning-astrology/

Vídeo para estudiantes: Marte en un minuto: ¿Es Marte realmente rojo? (2020, 24 de diciembre). Nasa.Gov. https://www.jpl.nasa.gov/edu/learn/video/mars-in-a-minute-is-mars-really-red/

Thomas, K. (2021a, 22 de octubre). Esto es lo que significa un retrógrado en astrología y cómo le afecta. New York Post. https://nypost.com/article/retrograde-meaning-explained/

Thomas, K. (2021b, 24 de diciembre). Qué significa su signo de Júpiter en astrología y qué revela sobre usted. New York Post. https://nypost.com/article/jupiter-sign-meaning/

Venus. (s.f.). Exploración del Sistema Solar de la NASA. https://solarsystem.nasa.gov/planets/venus/overview/

Símbolo astrológico de Venus - características, energía del planeta y más. (2018, 22 de enero). Labyrinthos. https://labyrinthos.co/blogs/astrology-horoscope-zodiac-signs/venus-astrology-symbol-characteristics-planet-energy

Ward, K. (2020, 7 de abril). Cómo encontrar su signo de Mercurio, alias la parte parlanchina de su carta astral. Cosmopolitan. https://www.cosmopolitan.com/lifestyle/a32055636/what-is-mercury-sign/

www.ingramcontent.com/pod-product-compliance
Lightning Source LLC
Chambersburg PA
CBHW051854160426
43209CB00006B/1291